कंजूस

(नाटक)

वाणी प्रकाशन
21-ए, दरियागंज, नई दिल्ली-110002
फोन : 011-23273167, 23275710, 41562622
फैक्स : 011-23275710
e-mail : vani_prakashan@yahoo.com

कंजूस

मौलियर

रूपान्तरकार

हज़रत आवारा

वाणी प्रकाशन

वाणी प्रकाशन

4695, 21-ए, दरियागंज, नयी दिल्ली 110 002

शाखा

अशोक राजपथ, पटना 800 004

फ़ोन: +91 11 23273167 फ़ैक्स: +91 11 23275710

www.vaniprakashan.in
vaniprakashan@gmail.com

KANJOOS
by Moliere
Translated by Hazarat Aawara

ISBN : 81-8143-534-6
Play

प्रथम संस्करण 2006
आवृत्ति संस्करण 2015

मूल्य : ₹195

हर्ष प्रिंटर्स, दिल्ली-110 093 में मुद्रित

वाणी प्रकाशन का लोगो मक़बूल फ़िदा हुसेन की कूची से

पात्र कलाकार

नासिर

अज़रा

फरुख

मिर्ज़ा सखावत बेग़

नम्बू

दलाल

नत्थू

खेरा

अल्फू

मरियम

हवलदार

असलम

(पर्दा उठता है। अज़रा और नासिर दाख़िल होते हैं।)

नासिर : कुछ तो कहो अज़रा, आखिर क्या बात है? पैमान वफा के बाद से उदासी क्यों? शादी का कौल दे चुकी मगर कुछ ऐसा महसूस होता है कि अब अपने किए पर परेशान हो। मैं खुशी के मारे फूला नहीं समाता, तुम हो कि ठंडी साँसें ले रही हो। मेरी तरफ देखो, निगाहें बेगाना हैं और मुस्कान खामोश। लगता है कि तुम नहीं, तुम जैसी और कोई है। ऐसा तो नहीं अज़रा कि पहले तो प्यार-प्यार में हामी भर ली और अब पछता रही हो कि क्या किया जाए?

अज़रा : नहीं नासिर, मुझमें सकत कहाँ कि तुम्हें ज़ुबान देकर पछताऊँ। एक कशिश है जो बेअख्तियार मुझे तुम्हारी तरफ खींचे लिए जाती है। मैं सोच भी नहीं सकती कि इकरार बदलकर इनकार भी हो सकता है। दिल का ख्याल अब तो एक ओछी-सी बात है। जो दे चुके वो परायी-सी बात है। सब पूछते हो तो नासिर इसके अंजाम ने मुझे कशमकश में डाल रखा है। इस डर से मेरा जी बैठा जा रहा है।

नासिर : डर किस बात का?

अज़रा : एक हो तो कहूँ। अब्बाजान की ख़फ़त्गी, कुनबे-बिरादरी के ताने, अपने-पराये की मलामत और सबसे बढ़कर तुम्हारा जोश ठंडा पड़ जाने का डर। और वो मुजरिमाना बेरुखी, जो किसी भी भोले-भाले दिल को मोहब्बत के जाल में फाँस कर—जिसे मर्द अक्सर बरता करते हैं।

नासिर : क्या कहा, अज़रा? कुछ भी कहो, खुदा के लिए ये ही ना कहो। नासिर को तुमसे मोहब्बत है और आखिर तक रहेगी।

अज़रा : सब ऐसे ही कहा करते हैं। लेकिन करते नहीं।

नासिर : ये ही देखना चाहती हो तो कुछ दिन ठहरो। नासिर के दिल को आजमाओ और फिर (कुछ) कहो। एक नहीं, मोहब्बत के एक हजार सबूत ले लो, मगर खुदा के लिए अज़रा मुझे बदज़ुबानी का शिकार ना बनाओ।

अज़रा : नासिर मैं जानती हूँ कि तुम्हारा दिल मुझे धोखा न देगा। लेकिन डरती हूँ कि लोग ताने दे-दे कर, मेरा जीना अजीरण कर देंगे।

नासिर : वो ही तो पूछता हूँ, आखिर क्यों?

अज़रा : नासिर, दुनिया अज़रा की आँखों से तुम्हें देखती है तो मुझे कोई डर न था। मुझे वो डरावनी घड़ी याद है जब तुमने अपनी जान पर खेल कर दरिया की मौजों से मुझे बचाया था। वक़्त और मुश्किलों ने तुम्हारी हिम्मत नहीं तोड़ी। और एक मेरे लिए अब्बाजान की नौकरी कुबूल की। मगर दुनिया की निगाह ओछी है। मेरे ज़ज़बात से क्या काम। तुम मेरे लिए सब कुछ हो। मगर दुनिया तुम्हें इस घर के नौकर की नज़र से देखती है।

नासिर : ये तुम्हारी मोहब्बत है जो मुझे किसी लायक समझती है। वर्ना तुम्हारे वालिद की हद से बढ़ी हुई कंजूसी और औलाद के साथ कड़ा बर्ताव, जो न कर दिखाए थोड़ा है। तुम जानती हो वो किसी से भी अच्छे नहीं हैं। खैर, मुझे इससे क्या। हाँ, इतना जरूर जानता हूँ कि अगर मेरे बिछुड़े हुए माँ-बाप मिल गए और दिल कहता है कि जरूर मिलेंगे तो मिर्ज़ा साहब को तोड़ लेना कोई बड़ी बात नहीं है। मुझे अपने लोगों के बारे में एक खबर का बड़ी बेचैनी से इंतज़ार है। न मिली तो मैं खुद उनकी तलाश में निकलूँगा।

अज़रा : नहीं नासिर, यहाँ से एक कदम बाहर ना रखना। अब तो जैसे-तैसे अब्बाजान को अपनाने की फिक्र करो।

नासिर : तुम देख रही हो, दिन-रात इसी उधेड़-बुन में लगा रहता हूँ। तुमने देख लिया, किस ढंग से उनका नौकर बना, उनकी बातों से हमदर्दी और हाँ में हाँ मिलाने के लिए कैसे-कैसे रूप धरे और अब मिर्ज़ा साहब को यार बनाने के लिए क्या-क्या पापड़ बेल रहा हूँ। मैं समझता हूँ कि किसी की नजरों में चढ़ने का इससे बेहतर कोई तरीका नहीं कि उनके रग में रग मिल जाइए। वो कहे दिन तो कहिए, जी हजूर, धूप चमक रही है और कहे रात तो कहिए, जी हाँ सरकार, चाँदनी छिटक रही है। हर बात पर वाह-वाह कीजिए, हर काम पर सुबहान अल्लाह कहिए।

अज़रा : भाईजान की भी हाँ में हाँ मिलाने की कोशिश क्यों नहीं करते? ऐसा न हो कि उनका नौकर अपना भाँडा फोड़ दे।

नासिर : नहीं अज़रा। एक वक्त में दो-दो को सँभालना अपने बस की बात नहीं। बाप-बेटे के मिजाज में इतना फर्क है कि एक साथ दोनों के दिलों में घर करना मुश्किल है। मेरा ख्याल तो यह है कि तुम भाई-बहनों में बड़ा मेल-जोल है, इससे फायदा उठाओ और अपना राज फर्रुख पे खोल दो। *(किसी को अचानक देख कर)* लो यादशक़ खैर, फर्रुख आ रहा है। मैं हटा जाता हूँ। अज़रा मौका अच्छा है, लेकिन ज्यादा न खुलना।

(नासिर चल देता है)

अज़रा : क्या कहूँ कैसे कहूँ, बड़ी उलझन में हूँ।

फर्रुख : अच्छा हुआ अज़रा तुम अकेली मिल गईं, तुमसे मिलने के लिए बेचैन हो रहा था। अज़रा, मुझे तुमसे कुछ कहना है।

अज़रा : फरमाइए भाई जान, शौक से फरमाइए, मैं हाजिर हूँ।

फर्रुख : दिल का अफसाना दो लफ़्जों में खत्म होता है। अज़रा

मैं किसी से प्यार करता हूँ।

अज़रा : प्यार करते हैं।

फर्रुख : हाँ अज़रा, मगर कोई कदम उठाने से पहले जानता हूँ कि अब्बाजान के अख्तियार में हूँ। मेरा मरना-जीना उनकी मर्जी का है। इसलिए कि बेटा हूँ जब तक वो ना फरमाएँ किसी से दिल लगाने के क्या मानी। उनके ख्याल में हमारी बुराई-भलाई का फैसला वो हमसे बेहतर कर सकते हैं। इसलिए हमें उनकी आँख से देखना है। उनके कान से सुनना है और उनकी अक्ल से काम लेना होगा।

अज़रा : लेकिन......

फर्रुख : अज़रा तुम कुछ न कहना। तुम्हारी क्या, मैं इस बारे में किसी की भी नहीं सुनूँगा।

अज़रा : भाई जान। मैं कहूँगी भी नहीं। ये तो बताइए कि बात पक्की हो गई?

फर्रुख : अभी नहीं। मगर हो जाएगी। मैं फिर कहता हूँ, अज़रा तुम इसमें ज़रा दखल न देना।

अज़रा : आप मुझे इतना गैर समझते हैं, भाई जान।

फर्रुख : ये बात नहीं। तुम्हें किसी से मोहब्बत जो नहीं हुई। इसलिए तुम्हारी समझ से खतरा है। तुम नहीं जानतीं कि मोहब्बत की मीठी-मीठी कसक दिल पर क्या कयामत तोड़ती है।

अज़रा : *(ठंडी साँस लेकर)* मेरी न कहिए भाई जान। मोहब्बत के मामले में कौन है जो नासमझ नहीं होता। जिंदगी में कभी-न-कभी ये गलती हो ही जाती है।

फर्रुख : क्या अच्छा होता कि तेरा दिल भी मेरी तरह.....

अज़रा : *(बात काट कर)* मुझे छोड़िए पहले अपनी बात कहिए, वो कौन खुश-किस्मत है, जिससे आपको मोहब्बत है।

फर्रुख : इस शहर में एक कमसिन लड़की है। अज़रा कुदरत ने उसे पैदा ही इसलिए किया है कि जो देखे दीवाना बने।

मरियम नाम। अपनी माँ के साथ रहती है। जो कुछ दिन की मेहमान है। काश तुम उसे देख पातीं।

अज़रा : मेरे लिए इतना ही बहुत है कि आपकी मंजूर ए नजर है।

फर्रुख : सुनता हूँ कि तंगी से वसर होती है, जो थोड़ी-बहुत जमा-पूँजी है उसमें मुश्किल से गुजर करते हैं। चाहता हूँ कि उनका हाथ बँटाऊँ। किसी के आगे हाथ फैलाना पड़े बला से। अज़रा तुम्हें ये सब कुछ इसलिए बताया कि अब्बाजान को समझा-बुझा कर हमवार कर दो। मान जाएँ तो बेहतर वरना मरियम को लेकर निकल जाऊँगा। अब्बाजान न सुनें और हम दोनों के खिलाफ हो जाएँ तो सुनो अज़रा, दोनों मिलकर उन्हें खैरवाद कहें और उनकी कंजूसी से पल्ला पाक़ करें। जिसकी सख्ती अब नहीं सही जाती।

अज़रा : सच कहते हैं आप। उनके बर्ताव से अब हमें अम्मीजान का दुनिया से उठ जाना और भी खलने लगा है।

(दूर से मिर्ज़ा सखावत बेग़ के टकने-मकने की आवाज)

फर्रुख : वो देखो बकते-झकते चले आ रहे हैं। आओ यहाँ से हट चलें और जी खोल कर बातें करें। दोनों मिलकर कोई तरकीब निकालें।

(दोनों जाते हैं। दूसरी तरफ से मिर्ज़ा सखावत वेग और नम्बू दाखिल होते हैं।)

मिर्ज़ा : निकल जाओ, इसी दम निकल जाओ। मैं तुम्हारी बकवास बिल्कुल नहीं सुनना चाहता। चलो निकलो मेरे घर से। बदमाश, उठाईगीरे एकदम सूली पर चढ़ा देने के काबिल हैं।

नंबू : *(दबी ज़बान)* कसम ज़बानी की, कभी जो मैंने ऐसा बुड्ढा मलाकुन देखा हो। मैं तो जानूँ इसके सिर पर कोई आता है।

मिर्ज़ा : क्यों बे ये मुँह ही मुँह में क्या बड़बड़ाया?

नंबू : ये ही कि ना जाने सरकार मुझे इस तरह क्यों निकाल

दे रहे हैं।

मिर्ज़ा : अच्छा? अब ये मजाल हुई तेरी कि हमसे ज़बान लड़ाता है। निकालने की वजह पूछता है। पाजी, जल्दी निकल जा। कहीं सिर तोड़ कर तेरा भेजा न निकाल दूँ।

नंबू : अरे तो हजूर मैंने आपका क्या बिगाड़ा है।

मिर्ज़ा : बिगाड़ा-बनाया हम नहीं जानते। बस हमारा हुक्म है कि तुम यहाँ से अपना चलता धंधा करो।

नंबू : हजूर का ये हुक्म है, उधर आपके साहबजादे फर्रुख का ये हुक्म है कि यहाँ ठहरकर उनका इंतजार करो।

मिर्ज़ा : मैं कुछ नहीं जानता। बस तुम निकलो मेरे घर से। मुँह काला करो और बाहर सड़क पर जाकर ठहरो। हूँ। मैं नहीं चाहता कि चौबीस घंटे मेरे सिर पर एक जासूस सवार रहे और तकता रहे कि मैं क्या करता हूँ, क्या नहीं करता। बिज्जू की सी आँखें तो देखा, घूम-फिर कर मेरे ही माल पर पड़ती हैं। कोने-कोने की तलाशी लेती हैं। क्या मिले और मार कर चल दूँ।

नंबू : हुजूर की भी क्या बातें हैं। किसी में दम है कि आपकी चोरी करे। आप जैसे का कोई माल मार सकता है, भला? कुंजी-ताले में तो रखते हैं आप सारा माल-टाल। और दिन-रात पहरा देते हैं, उसका।

मिर्ज़ा : तुम्हें इससे क्या? हम जो चाहेंगे बंद करके रखेंगे और जब चाहेंगे पहरा देंगे। हाय-हाय, ये दुनिया भर के जासूस मेरे पीछे कहाँ से लग गए, जो उठते-बैठते बात-बात पे मेरी टोह लेते हैं। *(दबी ज़बान से)* मुझे डर है कि इसे रुपए के बारे में कुछ-न-कुछ शुबह जरूर है। *(आवाज से)* सुन बे ओ नंबू, सारे में ये न उड़ाते फिरना कि मेरे घर में रुपया गड़ा-दबा रखा है।

नंबू : तो मियाँ क्या आपके घर में सचमुच रुपया गड़ा हुआ है?

मिर्ज़ा : नहीं बे बदमाश मैंने तो ये नहीं कहा। उफ मैं पागल

हो जाऊँगा। अबे मैंने तो ये कहा कि झूठमूठ ये गप न उड़ाना कि मियाँ के पास रुपया है।

नंबू : लाहौल विला। मुझे क्या मतलब है। मैं क्यों कहता फिरूँगा कि आपके पास रुपया है कि नहीं है। हमें क्या, होना न होना हमारे लिए यकसाँ है।

मिर्ज़ा : हूँ। फिर लगाई तूने हुज्जत *(मारने को छड़ी उठाते हुए)* मैं फिर कहता हूँ, निकलो, निकलो यहाँ से।

नंबू : *(चलते हुए)* अय लीजिए मैं चला।

मिर्ज़ा : ठहरो, चले कैसे। कुछ लेकर तो नहीं जा रहे?

नंबू : आपके यहाँ से भला मैं क्या लेकर जाऊँगा?

मिर्ज़ा : चलो इधर आओ। मैं तलाशी लूँगा। हाथ दिखाओ।

नंबू : लीजिए।

मिर्ज़ा : दूसरा।

नंबू : ये भी लीजिए।

मिर्ज़ा : जेबों में तो कुछ नहीं भर लिया?

नंबू : हाथ डाल कर देख लीजिए ना।

मिर्ज़ा : हूँ। ये चौड़े-चौड़े पायजामे चोरी का माल छुपाने के लिए बहुत अच्छे होते हैं। बड़ा अच्छा होता जो ऐसे पायजामे पहनने वालों को फाँसी दे दी जाती है।

नंबू : आप हैं तो इसी लायक कि आपका जो भी मिले पार कर दें। इनका माल मार कर मुझे तो बड़ी खुशी होगी।

मिर्ज़ा : क्या कहा तूने?

नंबू : अए, मैंने क्या कहा।

मिर्ज़ा : सुन लिया मैंने, यह माल मारने वाली क्या बात थी?

नंबू : जी, वह मैंने कहा, अब तो देख लिया आपने अच्छी तरह कि मैंने आपकी कोई चीज़ नहीं चुराई।

मिर्ज़ा : ठहरो। अभी और देखता हूँ।

नंबू : *(धीरे से)* खुदा करे इन कंजूसों के चेचक निकले, यह मनहूस कुत्ते मर जाएँ।

मिर्ज़ा : क्या कहा बे तूने?

नंबू : मैंने क्या कहा?

मिर्ज़ा : अबे यह कंजूसी किसकी....और यह कुत्ते कौन?

नंबू : अच्छा यह बात है। जी हाँ यह मैं कह रहा था कि इस कंजूसी और इन कंजूसों के बारे में आपकी क्या राय है?

मिर्ज़ा : पर यह तूने कहा किसको?

नंबू : अए, कंजूस को और किसको।

मिर्ज़ा : और वह कंजूस है कौन?

नंबू : वह कंजूस मक्खी चूस.....

मिर्ज़ा : अबे वह कौन है? आखिर......

नंबू : आपको क्या कोई भी हो, आपके पेट में क्यों दर्द उठा, आपको किस बात की बेचैनी है?

मिर्ज़ा : है, जिसकी है। तू कौन?

नंबू : तो क्या आप समझते हैं कि मैं आपकी बात सबसे कहता फिरूँगा।

मिर्ज़ा : मैं जो समझता हूँ, वह समझता हूँ। तुमसे पूछता हूँ कि तुम किसे कहते हो?

नंबू : मैं—देखिए—वह देखिए, अपनी टोपी को कहता हूँ।

मिर्ज़ा : *(दाँत पीस कर)* और मेरा जी चाहता है, तुम्हारी चंदिया से कुछ कह डालूँ।

नंबू : मतलब यह कि आप मुझे कंजूस-लालच-खोरों को खुद बुरा-भला कहने से रोकना चाहते हैं।

मिर्ज़ा : नहीं, तुझे इस बक-बक और गुस्ताखी से रोकना चाहता हूँ। बस अब मुँह को ताला दे।

नंबू : मैंने हुजूर किसी का नाम तो नहीं लिया।

मिर्ज़ा : अब मुँह से दूसरा लफ्ज निकाला नहीं और तेरी हड्डी-पसली मैंने तोड़ी नहीं।

नंबू : बस तो हुजूर यह टोपी जिसके सर पर ठीक हो न, उसके लिए हाजिर है।

मिर्ज़ा : न चुप हुआ अब भी।

नंबू : चलो ये हो गया, मगर आपकी जबरदस्ती से, अपनी मरजी के खिलाफ।

मिर्ज़ा : *(कहकहा लगाता है।)*

नंबू : सरकार यह वासकट की जेब और रह गई, इसे भी बेशक इत्मीनान कर लीजिए।

मिर्ज़ा : इसके अंदर जो भी हो निकाल कर सीधे हाथ में इधर रख दो वरना मुझे टटोलना पड़ेगा।

नंबू : क्या रख दूँ।

मिर्ज़ा : जो तूने लिया है।

नंबू : मैंने कुछ नहीं लिया।

मिर्ज़ा : सच कहता है?

नंबू : बिलकुल।

मिर्ज़ा : बस तो दूर हो यहाँ से। काला मुँह, नीले हाथ-पाँव, शैतान के हवाले।

नंबू : तो चला ही जाऊँ, आपका मतलब है।

मिर्ज़ा : कह दिया हाँ, हाँ, हाँ *(नंबू चला जाता है।)* यह बदमाश खिदमतगार भी मेरे लिए अजब होकर रह गया है। मैं ऐसे बेकार अपाहिजों को अपने पास रखना हरगिज पसंद नहीं करता। अजी सच पूछो तो रुपए का रखना ही ठीक नहीं। और वो भी इतना बहुत-सा, जो लोग सूद पर रुपए लगा देते हैं बड़े खुशनसीब हैं। यह कि सुबह-शाम का खर्च निकाल कर बाकी कानी कौड़ी भी घर में नहीं रखनी चाहिए, और साल भर में रकम रखने की जगह न हो तो आदमी बदहवास न होगा। ये तिजोरियाँ तो इन्हें मैं बेहद शुबह की नजर से देखता हूँ। मैं इन पर कभी भरोसा नहीं करता। इन्हें तो चोरों का चारा समझिए। सबसे पहले इन्हीं पर हाथ साफ होता है। बड़े चक्कर में हूँ कि ये दस हजार अशर्फियाँ जो मैंने चमन में गाड़ी हैं। यह मैंने ठीक भी किया है या नहीं। दस हजार अशर्फियाँ इतनी बड़ी रकम है कि *(फर्रुख और अज़रा को आते देख कर)*

हाय, हाय, यह मैंने अपना भेद खोल दिया और गर्मी-गर्मी में बहुत आगे बढ़ा। मैं समझता हूँ कि दिल से बातें करते-करते शायद स्वर कुछ ऊँचा हो गया *(दोनों से)* क्या है?

फर्रुख : कुछ नहीं अब्बाजान।

मिर्ज़ा : तुम लोग वहाँ कब से खड़े थे?

फर्रुख : हम तो अभी आ रहे हैं।

मिर्ज़ा : कुछ सुना तो नहीं, तुमने?

फर्रुख : क्या अब्बाजान?

मिर्ज़ा : जो मैं....

फर्रुख : बात क्या थी?

मिर्ज़ा : जो मैं कह रहा था।

फर्रुख : हमने नहीं सुनी।

मिर्ज़ा : अ हुँक। तुमने सुनी और जरूर सुनी।

फर्रुख : हमने कुछ नहीं सुना, अब्बाजान।

मिर्ज़ा : तुमने दो-चार लफ़्ज जरूर सुने। मैं अपने आप से कह रहा था कि देखिए आजकल रुपया किस-किस जतन से हाथ आता है और कितने खुशनसीब होंगे वे लोग जिनके पास दस हजार अशर्फियाँ हों।

फर्रुख : अब्बाजान, हम तो इसी डर से आ ही नहीं रहे थे कि आपके काम में खलल न हो।

मिर्ज़ा : तुम लोगों को बता कर मुझे बड़ी खुशी होगी कि मैं क्या कह रहा था। तुम यह न समझ बैठना कि दस हजार अशर्फियाँ मेरे पास हैं।

फर्रुख : हमें तो आपके मामलों से क्या सरोकार।

मिर्ज़ा : काश! इतनी अशर्फियाँ अपने पास होतीं।

फर्रुख : लोग तो कहते हैं कि आपके पास बड़ी दौलत है।

मिर्ज़ा : क्यों कर, मैं और दौलत। मुझे जो मालदार समझता है, झूठा है। इससे बढ़कर मुझ पर और क्या तोहमत हो सकती है। कहने वाले बदमाश हैं।

अज़रा : अब्बाजान, आप गर्म न हों।

मिर्ज़ा : और लीजिए मेरी ही औलाद मेरी दुश्मन है, जो मुझे यूँ बदनाम करती है।

फर्रुख : तो आपको दौलतमंद कहना आपका दुश्मन होना है?

मिर्ज़ा : फिर नहीं—तुम लोगों की यह बातें और यह ठाठ-बाट देख लेना किसी दिन कोई यह समझ कर मेरी गर्दन पर छुरी फेर देगा कि मैं अशर्फियों का बना हूँ।

फर्रुख : ऐसा क्या खर्च है, मेरा अब्बाजान।

मिर्ज़ा : क्या कहा, यह कुछ कम खर्च है कि आप इतनी शानदार घोड़ा-गाड़ी उड़ाए, दूल्हा बने शहर में सैर करते फिरते हैं। कल ही मैं आपकी इन बहिन साहिबा को डाँट-फटकार चुका हूँ। आपका हाल तो उससे कहीं बढ़कर है। जरा अपने कपड़े ही देखो किसी के हाथ लग जाएँ तो साल भर उसकी रोटियाँ चलें। बीसों मरतबा कहा कि साहबजादे मुझे तुम्हारे यह ढंग जरा नहीं भाते। थोड़ा खर्च करते हो कपड़े लेने पर और बनाओ सिंगार पर... मैं लुटा जाता हूँ।

फर्रुख : मैं लुटाता हूँ?

मिर्ज़ा : मैं क्या जानूँ, आखिर यह सारा टीप-टाप आता कहाँ से है।

फर्रुख : कहाँ से आता है। घुड़दौड़ में दो बार बाजियाँ अच्छी जीता था, उससे यह सब खर्चा निकला।

मिर्ज़ा : झक मारा तुमने। जीते थे तो रकम से फायदा उठाना चाहिए था। यह रुपया ईमानदारी से सूद पर चलाना था। आज एक लगाते, कल चार पाते और तो चलो जाने दो, मैं पूछता हूँ, यह जो इतनी कीमती टोपियाँ पहनते हो, यह क्यों? यह इतने बढ़िया जूते क्यों खरीदे जाते हैं? यह सर के बाल सँवारने पे इतने रुपये क्यों बर्बाद किए जाते हैं? खुदा ने जो बाल दिए हैं वह बस नहीं हैं? कसम ले लो, जो इन फजूलयात पर तीन-चार सौ रुपया महीना

खर्च न होता हो। यही रकम सूद पर चलाते होते तो बरखुरदार आठ रुपए सैकड़ा के हिसाब से तीन-चार सौ रुपए सालाना की और आमदनी हो जाती। चार सौ के हिसाब ही से देख लो क्या होता है?

फर्रुख : बजा इरशाद फरमाया।

मिर्ज़ा : चलो यह बातें छोड़ें—और कुछ कहो *(फर्रुख और अज़रा चुपके-चुपके बातें कर रहे हैं)* या परवरदिगार तू मुझ पर रहम कर, दोनों मेरी जेब कतरने की फिक्र में हैं। *(ऊँची आवाज से)* यह तुम दोनों क्या कानाफूसी कर रहे हो?

अज़रा : जी कुछ नहीं, आपसे कुछ कहना था और तय हो रहा है कि मैं कहूँ या भाईजान।

मिर्ज़ा : मुझे भी तुम दोनों से कुछ कहना है।

फर्रुख : अब्बाजान हम लोग तो शादी के मामले में कुछ अर्ज करना चाहते हैं।

मिर्ज़ा : और मैं भी शादी ही के सिलसिले में कुछ कहना चाहता हूँ।

अज़रा : *(चौंककर)* ओह।

मिर्ज़ा : चौंक पड़ी। शादी के लफ़्ज पर या खुद शादी से?

फर्रुख : अब्बाजान, शादी दोनों सूरतों में डरावनी चीज़ हो सकती है। मुमकिन है, आपकी पसंद हमारे जज़बात के खिलाफ हो।

मिर्ज़ा : घबराओ नहीं। धीरज से काम लो, तुम दोनों के लिए जो मुनासिब होगा वह मैं जानता हूँ। किसी को भी शिकायत का मौका नहीं मिलेगा। तुमने उस नौजवान लड़की मरियम को देखा है? जो यहीं पास ही रहती है।

फर्रुख : देखा है, अब्बाजान।

मिर्ज़ा : और अज़रा तूने?

अज़रा : जी देखा तो नहीं। नाम सुना है।

मिर्ज़ा : फर्रुख बेटा, यह लड़की तुम्हें पसंद है।

फर्रुख : बड़ी अच्छी लड़की है।

मिर्ज़ा : सूरत-शक्ल।

फर्रुख : हजार-पाँच सौ में एक।

मिर्ज़ा : तौर-तरीका? चाल-ढाल?

फर्रुख : निहायत शरीफाना, निहायत तारीफ के लायक।

मिर्ज़ा : तुम्हारे नज़दीक उसके लिए बात की जाए।

फर्रुख : जी हाँ, जी हाँ अब्बाजान जरूर।

मिर्ज़ा : जोड़ी अच्छी रहेगी न?

फर्रुख : निहायत मौजूँ। गोया बिलकुल कुदरत का बनाया हुआ।

मिर्ज़ा : चेहरे-मोहरे को देखते हुए अच्छी बीवी होगी।

फर्रुख : इसमें क्या शक।

मिर्ज़ा : खाविंद को हर तरह से खुश रखेगी।

फर्रुख : यकीनन।

मिर्ज़ा : एक चीज की कमी है। एक जरा रुपए वाली नहीं है।

फर्रुख : ठीक है। रुपया कौन-सी बड़ी चीज़ है। लड़की में गुन होने चाहिए।

मिर्ज़ा : ठीक है। रुपए की कमी और बातों से पूरी हो सकती है। बड़ी खुशी हुई कि तुम मेरे हम ख्याल निकले। मरियम के सुथरेपन और मिजाज़ की शीरीनी ने मेरा दिल मोह लिया, और मैंने फैसला कर लिया कि थोड़ा-बहुत दहेज जो मिल जाए तो मैं उससे शादी कर लूँ।

फर्रुख : *(उछलकर)* खुदाबंद....आप।

मिर्ज़ा : क्या हुआ?

फर्रुख : यानी आपने तै कर लिया कि.....

मिर्ज़ा : मरियम से शादी कर ली जाए?

फर्रुख : कौन आप। आप।

मिर्ज़ा : हाँ भई। मैं, मैं, मैं, क्यों क्या हुआ?

फर्रुख : अब्बाजान, मेरा सर चकरा रहा है। मैं जरा बाहर जाता हूँ।

मिर्ज़ा : घबराओ नहीं, जाता रहेगा। जल्दी से बावर्चीखाने में जाके साफ पानी का एक गिलास पी डालो। *(फर्रुख जाता है)*

ये हैं जनाब आजकल के नाजुक मिजाज़ छोकरे। जिनका दिल इतना कमजोर है। *(अज़रा से)* हाँ तो अज़रा बेटी, यह तो मैंने अपने लिए तय कर लिया। अब रहा तुम्हारा भाई जो उसके लिए मैंने एक दुल्हन सोची है। दुखिया बेवा है, जिसकी बात आज ही हो चुकी है और अपनी बेटी अज़रा के लिए। तुझे मैं असलम साहब को दूँगा।

अज़रा : *(भयानक होकर)* असलम साहब को।

मिर्ज़ा : हाँ, बड़े संजीदा—बड़े मोहताद और निहायत समझदार आदमी। नहीं? उम्र भी पचास के ऊपर नहीं और सुना है, अच्छे खाते-पीते लोग हैं।

अज़रा : *(रुककर)* अब्बाजान, अभी मेरा इरादा शादी की उलझनों में पड़ने का नहीं है।

मिर्ज़ा : क्या हुआ, मेरा जो है। मैं जो चाहता हूँ कि मेरी मुन्नी-सी अज़रा का ब्याह असलम साहब से होना चाहिए।

अज़रा : अब्बाजान, अभी तो मुझे इससे माफ ही रखिए।

मिर्ज़ा : बेटू तू भी मुझे माफ कर।

अज़रा : मैं असलम साहब को यूँ ही अपना बुजुर्ग समझती हूँ। उनके निकाह में मैं तो न जाऊँगी।

मिर्ज़ा : निकाह तो आज रात ही को होगा।

अज़रा : आज रात को।

मिर्ज़ा : हाँ आज रात को।

अज़रा : नहीं हो सकता अब्बाजान, ऐसा नहीं हो सकता।

मिर्ज़ा : जरूर-जरूर होगा, लड़की।

अज़रा : कभी नहीं।

मिर्ज़ा : जरूर होगा।

अज़रा : मैं कहती हूँ, आज क्या कभी नहीं।

मिर्ज़ा : और मैं कहता हूँ, आज और अभी ही।

अज़रा : आप मुझ पर जब्र नहीं कर सकते।

मिर्ज़ा : इस मामले में करना होगा।

अज़रा : मैं इससे पहले अपना काम तमाम कर लूँगी।

मिर्ज़ा : मैं न होने दूँगा—निकाह करूँगा और जरूर करूँगा। क्या खूब, आज तक किसी बेटी ने अपने बाप से ऐसी बात कही है?

अज़रा : और किसी बाप ने बेटी का इस तरह ब्याह किया है।

मिर्ज़ा : इस रिश्ते पर कोई उँगली उठा सकता है भला। शर्त रही जो सारी दुनिया मेरे इंतिख़ाब की दाद न दे।

अज़रा : और मैं कहती हूँ कोई अक्लो-हवाश वाला इसे पसंद करेगा।

(नासिर को आता देखकर)

मिर्ज़ा : वो देखो नासिर मियाँ आ रहे हैं। क्या कहती हो चलो इनसे फैसला कराएँ।

अज़रा : खुशी से।

मिर्ज़ा : इनका फैसला मानना पड़ेगा।

अज़रा : माना।

मिर्ज़ा : हो गई। *(नासिर को आवाज देकर)* नासिर मियाँ, जरा यहाँ तो आना। मियाँ नासिर हमने तुम पर एक बात का फैसला रखा। तुम बताओ मैं ठीक कहता हूँ या ये अज़रा।

नासिर : अरे साहब, आपकी बात पर किसको शक हो सकता है। कौन कह सकता है कि आप गलत कह रहे हैं।

मिर्ज़ा : जानते हो हम क्या बात कर रहे हैं।

नासिर : ओ नहीं। हाँ, इतना जानता हूँ आपका फरमान ठीक ही होगा। आप तो अपने वक़्त के अफलातून हैं।

मिर्ज़ा : मैं चाहता हूँ कि आज रात को अज़रा का निकाह एक ऐसे शख्स से कर दूँ जो दौलतमंद भी है और समझदार भी और यह लड़की मेरे मुँह पर कहती है कि उस शख्स से मुझे नफरत है। कहो तुम्हारी क्या राय है।

नासिर : *(घबराकर)* यानी वह...मतलब यह कि मैं क्या अर्ज करूँ।

मिर्ज़ा : अरे मर्द, अर्ज-वर्ज छोड़ो, हाँ कहो।

नासिर : जी, मैं...मैं...

मिर्ज़ा : अरे सुबहान अल्लाह, अरे भई मैं, मैं क्या करते हो।

नासिर : जी, वह मैं यह कह रहा था कि यह यूँ तो मेरी भी यही राय है, जो जनाब की है। आप से गलती हो ही नहीं सकती है...इसके साथ-साथ यह भी है कि आपकी साहबजादी भी गलत नहीं कहतीं।

मिर्ज़ा : यह क्या बात हुई। अरे भई, असलम साहब का रिश्ता। मुनासिब है–बड़ी खूबियों के आदमी हैं, खुश मिजाज़, संजीदा, समझदार और बड़ी खूबी ये कि मालदार हैं फिर पहली बीवी के कोई औलाद नहीं। इससे बढ़कर और क्या चाहिए।

नासिर : आपका फरमाना बजा है। मगर अज़रा कह सकती है कि आप जरूरत से कुछ ज्यादा जल्दी कर रहे हैं। इन्हें कुछ मोहलत मिलनी चाहिए।

मिर्ज़ा : ओख्खोह। यही तो नहीं जानते तुम। अरे भई, शादी का ऐन मौका यही है। मुझे इस रिश्ते से जो फायदा है वह दूसरे से नहीं है। यह भी तो देखा कि असलम साहब बेचारे दहेज तक नहीं माँगते।

नासिर : दहेज तक नहीं माँगते?

मिर्ज़ा : जी हाँ।

नासिर : तो अब मैं कुछ नहीं कहता। यह बात आपने लाजवाब सुनाई, बस तो बिसमिल्लाह कर ही दीजिए।

मिर्ज़ा : हाँ भई, खर्च में बड़ी किफायत हो जाएगी।

नासिर : बेशक, बेशक! इससे कौन इनकार कर सकता है। हाँ, इतना जरूर है कि आपकी साहबजादी कह सकती है कि शादी बड़ा अहम मामला है, इसमें जिंदगी बन भी जाती है और बिगड़ भी जाती है। सोच-समझ कर ही करनी चाहिए।

मिर्ज़ा : हाँ भई, बगैर दहेज के.....

नासिर : आपका फरमाना बजा है। बस फैसला हो गया, मगर लोग कह सकते हैं कि शादी के मामले में लड़की के

मिजाज़ का भी लिहाज़ रखना चाहिए। उमर, मज़ाक और जज़्बात का सवाल शादी को खाना आबादी की बजाय ख़ाना बरबादी भी बना दिया करता है।

मिर्ज़ा : दहेज के बगैर?

नासिर : इसका जवाब मेरे पास नहीं है। बहुत ऐसे माँ-बाप हैं जो रुपए से बढ़ कर बेटी की खुशी देखते हैं।

(बागीचे से कुत्ते के भौंकने की आवाज)

मिर्ज़ा : ठहरो भई, *(सुनकर)* कुत्ता भौंक रहा है। कोई रुपए की ताक में तो नहीं लगा। *(नासिर से)* नासिर मियाँ, चल न देना—मैं अभी आया।

(बाग की तरफ चला जाता है।)

अज़रा : यह तुम्हें क्या हो गया था, नासिर? मैं पूछती हूँ, यह तुम्हें क्या सूझी? यह क्या मज़ाक था, आख़िर?

नासिर : *(हँसकर)* नहीं समझी? यह इसलिए था कि मिर्ज़ा साहब बिगड़ें नहीं और काम बन जाए। इनकी हाँ में हाँ न मिलाना काम को बिगाड़ देना है। बाज लोग ऐसे होते हैं कि सीधी तरह नहीं मानते, उन्हें चक्कर देके फाँसना पड़ता है। अब ऐसा करो कि जैसे-जैसे मिर्ज़ा साहब कहते जाएँ तुम आँख बंद करके...यानी जाओ। बस फतह है और...

अज़रा : मगर नासिर यह शादी?

नासिर : सोचेंगे, और किसी-न-किसी ढंग से इस गुत्थी को सुलझाएँगे।

अज़रा : या अल्लाह, यह कैसे होगा? अब्बाजान तो आज रात को ही निकाह करने पर तुले हुए हैं।

नासिर : तुम जिद करके कुछ मोहलत लो और बीमार बन जाओ।

अज़रा : बीमारी पकड़ी जाएगी। वह फौरन हकीम-डॉक्टर बुलवाएँगे।

नासिर : ओह! मानो तो सही। इस मामले की हकीम-डॉक्टर को क्या खबर, जिस बीमारी का नाम ले दोगी उसी का नुस्खा लिख देंगे।

(मिर्ज़ा सखावत आते हैं।)

मिर्ज़ा : *(आते हुए)* शुक्र है, कोई नहीं था।

नासिर : *(मानों सखावत को न देखकर)* बस तो इस तरकीब से सबकी आँखों पर पर्दा पड़ा रहेगा और तुम्हारी मुहब्बत सच्ची हुई तो–*(सखावत को देखकर बात बनाते हुए)* बेटी को बाप का हुक्म मानना ही चाहिए। फिर यह भी देखो कि असलम साहब की तरफ से दहेज वगैरह भी नहीं माँगा जाता।

मिर्ज़ा : शाबाश! बहुत अच्छे।

नासिर : अरे आप आ गए। माफ फरमाइएगा, मैं अज़रा बीबी से जरा बेतकल्लुफ हो गया था।

मिर्ज़ा : कुछ परवाह नहीं, नासिर मियाँ, खुश कर दिया तुमने इस वक़्त। मेरी तो ऐन ख़्वाहिश है। तुम अज़रा पर काबू पा जाओ...*(अज़रा से)* अज़रा, सुनती हो, मैं तुम्हारे बारे में अपने सारे अख्तियारात नासिर मियाँ को सौंपता हूँ, जो यह कहें उस पर चलना तुम्हारा फर्ज होगा।

नासिर : जी, तो मैं साहबजादी को जरा अलग ले जाकर समझाता-बुझाता हूँ। आप देखें तो सही कैसे लेक्चर पिलाता हूँ।

मिर्ज़ा : ले जाओ, ले जाओ–तुम्हारा शुक्रिया। देखो मैं जरा बाजार तक जाता हूँ, जल्दी लौटूँगा।

नासिर : तशरीफ ले जाइए। आप जरा न घबराएँ चार लफ़्ज़ों में तो साहबजादी राम होती *(अज़रा से)* हाँ भई तो मैं कह रहा था कि दुनिया में रुपया ही सबसे अनमोल चीज़ है। शुक्र करो कि खुदा ने तुमको हमारे हज़रत मिर्ज़ा साहब जैसे मिर्ज़ा का बाप दिया जो यह जानता है कि जीना किसे कहते हैं। देखो ना जो बाप अपनी चहेती बेटी को दहेज के बगैर ही देने को तैयार हो जाए तो आगे अल्ला ही अल्ला है।

मिर्ज़ा : वाह मेरे शेर, क्या कहना....शाबाश! खुश किस्मत है वह आका, जिसे इतना नमक हलाल नौकर मिले। नासिर

मियाँ जाओ मुझे तुमसे कुछ बातें कहनी हैं और अज़रा तुम बावरचीखाने पर निगाह रखो। ऐसा न हो कि.... हाँ भई आजकल किसी का क्या भरोसा, जाओ।

अज़रा : बहुत अच्छा।

(सब जाते हैं। पर्दा गिरता है।)

(मौसीकी)

(पर्दा उठता है। फर्रुख और नंबू दाखिल होते हैं।)

फर्रुख : नंबू, भई बड़े लफंगे हो—कहाँ गए थे झक मारने? मैंने हुक्म दिया था, वह कुछ नहीं।

नंबू : आपका हुक्म सर आँखों पर...गया था, मगर आपके वालिद हुजूरगवार ने मार कर निकाल दिया और मैं पिटते-पिटते बच गया फर्रुख मियाँ।

फर्रुख : अच्छा, मेरे काम का क्या हुआ? देखो नंबू जरूरत बहुत शदीद है। अमा तुमने कुछ और भी सुना। तुमसे मिलने के बाद पता चला कि किबला मेरे रकीब हैं।

नंबू : *(हँसता है)* एये, क्या कहा? मिर्ज़ा साहब और आपके रकीब?

फर्रुख : जी हाँ, और यह सुनकर जो मुझ पर बीती है। उसे छुपाने के लिए मुझे दुनिया भर की मुसीबत उठानी पड़ी।

नंबू : *(हँसते हुए)* मिर्ज़ा साब और मोहब्बत, यह उन्हें क्या सूझी, जमाने भर में अपना मज़ाक उड़वाना चाहते हैं।...मोहब्बत उन जैसे पीरेफरतूत के लिए बनी है?

फर्रुख : जी हाँ, अपने गुनाहों की सज़ा मिल रही है मुझे, जो यह सौदा उनके सर में समाया है।

नंबू : मैं कहता हूँ यह आप अपना मामला उनसे छुपाते क्यों हैं?

फर्रुख : ताकि उन्हें कोई शुबहा न हो और मैं इस जोड़े को तोड़ कर सकूँ—अच्छा अब यह बताओ कि उसने क्या कहा?

नंबू : फर्रुख मियाँ, बात यह है कि उधार लेने वालों का रास्ता बड़ा गंदा होता है—आप जैसे जरूरतमंदों को ही साहूकार के फंदे में आते-जाते अजीब-अजीब मामलों से साका पड़ता है।

फर्रुख : मतलब यह है कि ये मामला नहीं होगा।

नंबू : माफ फरमाइएगा, हमारे दलाल साहब फरमाते हैं कि उन्होंने आपके मामले में कोई कसर नहीं उठा रखी—आपको देख कर हामी भर ली।

फर्रुख : मतलब यह कि पंद्रह हजार रुपए मुझे मिल जाएँगे।

नंबू : जी हाँ—मगर एक आध वह भी मामूली-सी शर्त पर—मंजूर हो तो हाँ वरना नहीं।

फर्रुख : खुद साहूकार ने रकम के बारे में क्या कहा?

नंबू : यह मामला यूँ नहीं होगा, फर्रुख मियाँ—साहूकार आप से बढ़ कर पर्दे में रहना चाहता है—नाम तो दलाल ने बताया नहीं मगर आज किसी और के घर आपसे उसकी भेंट कराई जाएगी—जिसमें वह खुद आपके मुँह से कर्जे के सवाल सुनने और आपकी जायदाद और खानदान वगैरह का हाल मालूम कर ले—मेरा ख्याल है कि मिर्ज़ा साहब का नाम सुनते ही मामला पट जाएगा। *(कागज लेकर)* लीजिए, ये पढ़ लीजिए। आपके मुलाइजे के लिए खुद साहूकार ने दलाल को दिया है—*(साहूकार)* पहले अपनी पक्की खोपड़ी करेगा कि कर्जा लेने वाला मालिक है—खुशहाल घर का है, जिसकी जायदाद काफी महफूज है और हर किस्म में पाक है—तब दस्तावेज किसी ईमानदार रजिस्ट्रार से लिखाई जाएगी, जिसका इन्तेखाब खुद साहूकार करेगा। और जब देख लेगा कि दस्तावेज का एक-एक लफ्ज कानून के मुताबिक है। तब कुछ होगा।

फर्रुख : ठीक है। मुझे मंजूर है।

नंबू : यह भी सुन लीजिए कि रकम अट्ठारह रुपए सैकड़ा सूद पर मिलेगी इससे बढ़कर एक पैसा नहीं लेगा।

फर्रुख : अट्ठारह रुपए सैकड़ा। फिर तो बड़े ईमानदार हैं, यह साहूकार साहब शिकायत का मौका नहीं।

नंबू : सच है। मगर साहूकार के पास खुद इतनी रकम नहीं है–आपका काम निकालने के लिए वह किसी और से पाँच रुपया सैकड़ा पर कर्ज लेगा।

फर्रुख : पक्का यहूदी निकला। अरे भई, यह मामला तो बीस रुपए सैकड़ा से भी बढ़ गया।

नंबू : मैं भी यही कहता हूँ–आप अब भी सोच-समझ लें।

फर्रुख : क्या खाक सोचूँ–रकम लेना है, शर्तें माननी ही पड़ेंगी।

नंबू : यह भी मैं दलाल से कह चुका हूँ।

फर्रुख : और कुछ?

नंबू : एक मामूली-सी शर्त–पंद्रह हजार में से बारह हजार नकद मिलेंगे बाकी तीन हजार घरेलू सामान फर्नीचर और दूसरी छोटी-मोटी चीजों की सूरत में लेना होगा, जिसकी फेहरिस्त साहूकार ने कम-से-कम दाम लगा कर दी है।

फर्रुख : क्या माने?

नंबू : सुनिए–एक पलंग मय बिस्तर–गेरवे रंग के कपड़े की–छः कुर्सियाँ जिस पर लाल कपड़ा मँढ़ा है।

फर्रुख : यह मैं लेकर क्या करूँगा?

नंबू : ठहरिए–परदों का एक जोड़ा–अखरोट की लकड़ी की एक मेज साथ में बारह तिपाइयाँ।

फर्रुख : अरे भई....यह सब.....

नंबू : जरा सबर कीजिए–सीपे के काम की तीन तोड़ेदार बंदूकें–एक चूल्हा और उसके साथ अर्क बेचने का एक भपका।

फर्रुख : नंबू मैं पागल हो जाऊँगा।

नंबू : जल्दी न कीजिए–सुनिए दो पर्दे टूटा एक सितार–एक

शतरंज की बिसात–मगरमच्छ की एक खाल–सब साढ़े पाँच हजार का माल है। जो घटा कर तीन हजार का लगाया है।

फर्रुख : लुच्चा पाजी कहीं का, इतना सूद आज तक कहीं सुना भी था? फिर भी जी नहीं भाता–तीन हजार में यह कूड़ा-करकट मेरे सर मँढ़ता है–इसके तो दो सौ भी मुश्किल से लगेंगे–दूसरी शर्त अलग रही *(ठंडी साँस लेकर)* ठीक है अब तो जो माँगे, देना ही पड़ेगा।

नंबू : फर्रुख मियाँ, आप खपा न हों तो कहूँ–आप तबाही के रास्ते पर जा रहे हैं। कर्ज के तो मानी ही यह है कि महँगा खरीदना और सस्ता बेचना।

फर्रुख : नंबू, तुम्हीं बताओ तो आखिर करूँ तो क्या–देख लो कंजूस बाप की बदौलत जवान बेटे की यह गत हो रही है–फिर औलाद उनके मरने की दुआ न करे तो क्या करे–मुझे दो फेहरिस्त, गौर करूँगा।

(दोनों जाते हैं–दूसरी तरफ से मिर्ज़ा सख़ावत बेग़ और दलाल दाखिल होते हैं।)

दलाल : तो यह बात है, मिर्ज़ा जी–बेचारे नौजवान आदमी हैं। ऐसे ही कोई बिजोग पड़ा है, जो कर्जा लेने पर उतरे हैं। आप जो शर्तें रखोगे सो मानेंगे।

मिर्ज़ा : यह तो कहो लाला जी इस मामले में कोई जोखिम तो नहीं है? और हाँ तुम उसके वालिद जायदाद और खानदान से भी वाकिफ हो।

दलाल : यह बात तो साब मन के हमारी जानी हुई नहीं है–हमारी उनकी भेंट ऐसे ही हो गई थी–वही आपको बताएँगे पर उनका आदमी कहता था कि आपका पूरा-पूरा इत्मिनान करा दिया जाएगा। खाते-पीते लोग हैं। माँ का देहांत हो चुका है और आप कहेंगे तो यह सब लिखने को तैयार हैं कि पिताजी आठ ही या दस महीने में स्वर्गवास होने वाले हैं।

मिर्ज़ा : लाला यह बात कही तूने ठिकाने की। क्या करें भई है तो लोगों का तो काम निकालना ही पड़ता है।

(नंबू और फर्रुख दाखिल होते ठिठक जाते हैं।)

नंबू : ठहरिए फर्रुख मियाँ, यह क्या हमारा दलाल और आपके वालिद साहिब। किबला क्या....

फर्रुख : किबला, क्या कहा दलाल और अब्बाजान। अरे मेरा नाम तो नहीं दिया, उस दलाल के बच्चे ने? तूने तो कोई लगाई-बुझाई नहीं कर दी?

(दलाल दोनों को देखने लगता है।)

दलाल : *(आहिस्ता से)* बड़े जल्दबाज हो—यहाँ का पता किसने दिया तुमको—*(बढ़कर)* मियाँ जी यह हैं आपके ग्राहक—आपका पता हमने तो दिया नहीं जाने कैसे पहुँच गए यहाँ—चलो कोई हरज़ नहीं—अच्छे मोतबिर लोग हैं। किसी से कहने के नहीं। अब आप इनसे बातचीत, पूछताछ कर लो—रकम इन्हीं को चाहिए।

मिर्ज़ा : *(फर्रुख को देखकर)* कौन तुम। यह तुम्हारी नालायक हरकत।

फर्रुख : और यह आप जो ऐसा गंदा धंधा करते हैं।

मिर्ज़ा : तो कर्जा लेकर आप यूँ गुलछर्रे उड़ाते हैं?

फर्रुख : और इतना सूद लेकर आप यूँ साहूकार बनते हैं।

मिर्ज़ा : अभी तुम्हें मुँह दिखाने की हिम्मत है?

फर्रुख : आप दुनिया को क्या मुँह दिखाएँगे?

मिर्ज़ा : शर्म नहीं आती—इतनी फिजूलखर्ची। बुजुर्गों की गाढ़ी कमाई यूँ उड़ाई जाती है। एड़ी-चोटी का पसीना एक करके हमने पूँजी जोड़ी वह इस तरह बहाई जाती है।

फर्रुख : और इस लेन-देन पर आपको भी शर्म नहीं आती—रुपए दर रुपए जोड़कर इज्जत और शोहरत को भेंट देना आपको जेब नहीं देता।

मिर्ज़ा : जा दूर हो मेरे सामने से।

फर्रुख : बड़ा गुनहगार कौन है, वह जिसे रुपए की जरूरत है या

वह जो रुपयों को सूद पर चढ़ाता है।

मिर्ज़ा : मैं कहता हूँ, कान न खाओ? यहाँ से निकल जाओ *(फर्रुख जाता है, दलाल से)* वाह साहब वाह—अच्छा ग्राहक लाए, खबरदार जो आज से पास फटके। चले जाओ यहाँ से। *(नंबू से)* और ख़वीस—यह सारा किया धरा तेरा है—मैं खूब जानता हूँ तूने मेरा घर बिगाड़ा—तूने फर्रुख को इस रास्ते पर डाला है—चला जा, निकल जा, दूर हो जा—नहीं तो जानता है मेरा गुस्सा— *(दलाल और नंबू जाते हैं)* अच्छा हुआ कान हो गए—अब उसकी हरकतों पर और गहरी नज़र रखनी पड़ेगी। *(जाता है)*।

(मिर्ज़ा सखावत बेग़ का घर—नंबू दाखिल होकर इधर-उधर झाँकता है।)

नंबू : अजीब बात है—बड़े अचंभे में हूँ—मिर्ज़ा जी के पास कोई छुपा हुआ गोदाम जरूर है—वरना फहरिस्त में जो सामान उन्होंने दिखाया उसका तो यहाँ नामोनिशान भी नहीं है।

(दरवाजे पर दस्तक। नंबू छुप जाता है मिर्ज़ा सखावत आते हैं और फरजीना दाखिल होती है।)

फरजीना : सरकार आदाब!

मिर्ज़ा : कौन फरज़ीना? तुम हो, तुम हो। अच्छा जरा ठहरो, मैं अभी आया तुमसे बात करनी है।

(वह जाता है और नंबू आता है।)

फरजीना : अरे नंबू तुम यहाँ कैसे?

नंबू : अरे वाह, फरज़ीना। इधर कैसे आ निकली?

फरजीना : जैसे और जगह जाती हूँ।

नंबू : बड़े मिर्ज़ा साहब से काम होगा?

फरजीना : हाँ भैया, उन्हीं का एक छोटा-सा काम है। चार पैसे की आस लगाकर आई हूँ।

नंबू : आस और मिर्ज़ा सखावत बेग़ साहब से *(हँसता है)* फरजीना बुवा, मिर्ज़ा जी से कुछ ले भागो तब मैं जानूँ, वो बड़े शातिर हैं—अजी चील के घोंसले में मांस कहाँ?

पत्थर में जोंक लगाओगी? मिर्ज़ा जी तो पेट भर के कंजूस दुनिया भर के मक्खीचूस हैं मर जाए तब भी उनकी मुट्ठी न खुले। है सब कुछ पर देने के नाम छदाम भी नहीं।

फरजीना : नंबू—वह देना नहीं जानते न सही, मुझे तो आता है लेना।

नंबू : तोबा करो बुवा, देना और देने के नाम तो वह घर की कुंडी भी नहीं देते। अगर—लो वह आ रहे हैं। *(चल देता है।)*

मिर्ज़ा : *(आते हुए)* शुक्र है, कोई खटका नहीं—सब ठीक-ठाक है—अब कहो फरजीना क्या कहती हो।

फरजीना : मेरी आँखों की ख़ाक मिर्ज़ा जी—माशाअल्ला सिर से पैर तक तंदुरुस्ती बरस रही है।

मिर्ज़ा : किसके, मेरे?

फरजीना : जी हाँ, इतना तरोताज़ा और खुश-खुश मैंने आपको कभी नहीं पाया।

मिर्ज़ा : सचमुच।

फरजीना : सच, इतना शबाब तो मैंने आप पर जवानी में भी नहीं देखा—आज तो बीस बरस के पट्ठे भी आपके आगे बुड्ढे दिखाई पड़ते हैं।

मिर्ज़ा : कहाँ भई, मैं तो साठ से ऊँचा हूँ।

फरजीना : तो क्या हुआ—मर्द के शबाब का यही वो सिन है। साठा तो पाठा सुना था, आज देख लिया।

मिर्ज़ा : भई तुम दिल्लगी करती हो।

फरजीना : सौ बरस जिएँगे आप तो।

मिर्ज़ा : यह तुम्हारा ख्याल है, फरजीना।

फरजीना : नहीं मिर्ज़ा जी। मेरा ख्याल आपकी काठी ही कहे दे रही है। आईना उठा कर देख तो लीजिए आपकी पेशानी पर साफ निशानी है।

मिर्ज़ा : तो यह कहो तुम्हें इस इल्म में भी दखल है।

फरजीना : जी, क्यों नहीं। जरा अपना हाथ तो दीजिए *(हाथ देखकर)* यह देखिए उम्र की लकीर कितनी लंबी है।

मिर्ज़ा : क्या मतलब?

फरजीना : यह देखिए। यह लकीर कहाँ से कहाँ तक चली जा रही है—मियाँ अब तक तो मैं सौ बरस ही कहती थी। अब कहती हूँ कि अल्लाह रखे आपको, एक सौ बीस बरस तक जवानी की बहार लूटेंगे।

मिर्ज़ा : सच। यह कैसे?

फरजीना : और तो नहीं, हाँ इतना जानती हूँ कि आपके पोते और परपोतों के पोते इन हाथों अल्लाह को प्यारे होंगे।

मिर्ज़ा : यह बात है तो ठीक है। अब कहो हमारे मामले की बात।

फरजीना : मिर्ज़ा जी, उस बात का पूछना क्या—आपकी लौंडी किसी काम का बीड़ा उठाए और वह सिद्ध न हो—यह शादी-ब्याह कराना तो हुनर है मेरा—जिससे चाहूँ, जिससे चाहूँ चुटकियों में जोड़ा मिला दूँ—आपके मामले में तो कोई अड़ंगा लगा भी नहीं—आप जानते ही हैं—मेरा और लड़की वालों का कितना मेल-जोल है—मैंने माँ-बेटी दोनों को लगा कर देखा, मरियम की अम्मा से मैंने कहा आते-जाते कहीं खिड़की से झाँकते साहबजादी को देख लिया है—तभी से मिर्ज़ा साहब लट्टू हैं।

मिर्ज़ा : उस पे क्या बोली वह?

फरजीना : बोलती क्या—सुनते ही खिल गई—मैंने कहा मिर्ज़ा जी तो चाहते हैं कि आज ही मँगनी का छल्ला पिन्हा दें और मिश्री की डली मुँह को लगा दें, सुनते ही राज़ी हो गई, कहने लगी बुवा फरजीना लड़की का सियाह सफेद मैंने तुमको सौंपा।

मिर्ज़ा : फरजीना—मैं, अपने दोस्त असलम साहब को दावत दे रहा हूँ, इस मौके पर मरियम भी खाने पे आ जाए तो क्या अच्छा हो।

फरजीना : ऐ हाँ अच्छा तो है—आपकी साहबजादी से भी मिल लेंगी। फिर मेला देखने जाएँगी और लौट के आपके साथ चाय पी लेंगी।

मिर्ज़ा : अच्छी बात है—दोनों मिल के हमारी गाड़ी में चली

जाना—इसमें क्या बात है। फरजीना यह तो बताओ तुमने मरियम की अम्मा से लड़की के दहेज-वहेज के बारे में भी कह-सुन लिया है? या—क्या देंगी वह अपनी साहबजादी को? तुम जानों आजकल वह कौन-सी बेटी हुई जो मैके से दान-दहेज लेकर न आती हो।

फरजीना : मिर्ज़ा साहब—नहीं-नहीं करके भी मरियम हजार-बारह सौ रुपए साल की आमदनी लेकर आएगी।

मिर्ज़ा : हजार-बारह सौ की।

फरजीना : जी और क्या। फिर गरीबी में पली-बढ़ी है—खाती क्या है दो चपाती चमचा भर दाल। इस वक़्त दो चपाती, दाल उस वक़्त, चटोरी वह नहीं है। मेवा मिठाई वह नहीं खाती—कहिए घर के खर्चे में कितनी बचत हुई। फिर पहनने-ओढ़ने, सुर में मिस्सी का शौक नहीं, बनाव-सिंगार से उसे सरोकार नहीं—यह भी किफायत हुई और क्या लीजिए।

मिर्ज़ा : मगर देखो भई दहेज-वहेज की रसीद मैं नहीं देने का। हाँ, फरजीना और एक बात है, भई मरियम ठहरी जवान और तुम जानो जवानी जवानी को खींचती है—ऐसा न हो कि मैं उसके मजाक का न निकलूँ और घर में कोई फितना फिसाद फैले।

फरजीना : मिर्ज़ा जी, आप मरियम के मिजाज़ को नहीं जानते—यह तो उसमें खास बात है मैं कहना ही भूल गई थी, उसे तो अपने बराबर के लड़कों से बला की नफरत है—जब देखो बड़े-बूढ़ों में उठे-बैठे।

मिर्ज़ा : मेरी मरियम।

फरजीना : आपकी मरियम—जवान मरदों को देखकर मुँह फेर लेती है। मिर्ज़ा साहब और तो और चार महीने पहले निकाह से इनकार कर बैठी—तो वजह क्या—दूल्हा मियाँ कुल छप्पन बरस के और निहाँ के कागज ऐनक के बगैर ही दस्तखत करने बैठे थे—मरियम को तो अच्छे तंदुरुस्त

दाढ़ी वाले बुजुर्ग...और मैं बताए देती हूँ आप कहीं दाढ़ी मुँड़ा के या खिजाब-विजाब लगाकर जवान बनने की कोशिश न करें।

मिर्ज़ा : अच्छा किया बता दिया तुमने।

फरजीना : वहाँ तो दूल्हा मियाँ के ऐनक चढ़ी हो तब ही बन्नों के पसन्द आए।

मिर्ज़ा : यह भी नई बात सुनाई तुमने—मेरे तो ख्वाब में भी नहीं थी। यह तो बड़ा ही अच्छा मिजाज़ पाया है मरियम ने—सच पूछो फरजीना तो अपनी भी कुछ ऐसी ही तबीयत है—मैं भी औरत होता तो जवान मर्द को कभी पसंद न करता।

फरजीना : क्या रखा है मियाँ जवानी में—एक जरा चिकनी-चुपड़ी होती है, बस।

मिर्ज़ा : फरजीना, मतलब यह कि मैं पसंद आ जाऊँगा।

फरजीना : ऐ, अब मैं क्या कहूँ, मियाँ आप इतने कुबूल सूरत हैं कि तस्वीर के लायक माशाअल्लाह भारी-भरकम—तनोतोश के, सेहत के अच्छे।

मिर्ज़ा : हाँ, बस, जरा जुकाम रहता है।

फरजीना : जुकाम तो बड़ी मुबारक बीमारी है—लोग तो इसकी दुआएँ करते हैं—दिमाग की गंदगी बह जाती है—रही खाँसी, तो मियाँ इतनी उम्र होने आई मेरी, ऐसी रसीली, सुरीली खाँसी मैंने तो सुनी नहीं किसी की।

मिर्ज़ा : फरजीना, यह तो कहो मरियम ने आते-जाते कभी हमें देखा है—कुछ कहती थी?

फरजीना : क्यों नहीं, आपकी खूबसूरती, मरदाना वजाहत की तारीफ करती थी इसीलिए लौंडी ने अपना लय भी मिला दी।

मिर्ज़ा : बहुत अच्छा किया फरजीना तुमने, तुम्हारा शुक्रिया।

फरजीना : मियाँ, वह एक बात आपसे कहनी थी—मेरा एक मामला अटका है—कुछ रुपए मिल जाते तो बन जाता—नहीं तो बड़ा नुकसान हो जाएगा मेरा। बड़ी मेहरबानी होगी—सदके

जाऊँ।

मिर्ज़ा : *(सुनी अनसुनी करके)* अच्छा भई तो अब रुख़सत—मैं जरा डाक देख लूँ।

फरजीना : लौंडी ने क्या अर्ज किया—हुक्म हो जाए कुछ।

मिर्ज़ा : हाँ भई—गाड़ी तैयार मिलेगी।

फरजीना : ऐसी ही मजबूरी थी जो आपके आगे हाथ फैला रही हूँ। वरना कभी नहीं कहती।

मिर्ज़ा : खातिर जमा रखो, चाय-वाय का इंतज़ाम रहेगा।

फरजीना : मियाँ तो फिर दे दीजिए न।

मिर्ज़ा : *(चौंककर)* अरे कोई पुकार रहा है, मैं चला।
(जाता है)

फरजीना : मर मुंडी काटे, मुवा कंजूस, मक्खीचूस कहीं का—पत्थर में जोंक लगी न—अच्छा, मैं कब छोड़ने वाली हूँ कुछ भी हो—इधर से नहीं उधर से लूँगी।
(नंबू दाखिल होता है।)

नंबू : ले चुकी तुम—हम न कहते थे—दुःख सहे बी, फाख्ता और कौए अंडे खाएँ।

फरजीना : चल चमचे—जब तेरी कुदरत अजब तेरा खेल—छछूंदर के सर में चमेली का तेल।

नंबू : तो शर्त रही अगर एक कौड़ी भी हासिल कर सको।

फरजीना : रही।

नंबू : रही।

(पर्दा गिरता है।)

(मिर्ज़ा सखावत बेग़ का मकान, मिर्ज़ा साहब दाखिल होते हैं।)

मिर्ज़ा : *(चिल्लाकर)* अल्फू-नंबू-खेरा-नासिर-फर्रुख-अज़रा *(एक-एक करके सबके आने पर)* चलो सबके सब इधर

आओ—अपना-अपना काम सुनो—नंबू इधर आ मेरे पास—तूने अच्छा किया—झाड़ने हर वक़्त कमरे में लगी रहे—सफाई बराबर होती रहे—मगर मेज-कुर्सी जोर-जोर से न रगड़ना ख़बरदार रंग-रोगन घिस जाएगा—और देख शीशे के बरतन भी तेरे सुपुर्द हैं—टूटे और तनख्वाह कटी।

नंबू : जो हुकुम सरकार का।

मिर्ज़ा : खेरा।

खेरा : हुजूर।

मिर्ज़ा : तुम पानी पिलाने पर—जब तक न माँगा जाए हरगिज न देना—यह नहीं कि घड़ी-घड़ी कटोरा सर पर लिए खड़े हैं—बर्फ थोड़ी-थोड़ी और कभी-कभी सुन लिया?

नंबू : तो हुजूर यह टाट का थैला जो हम ओढ़े हुए हैं—उतार डालें न?

मिर्ज़ा : हाँ, मगर जब मेहमान आ जाएँ—देखना कपड़े खराब हुए और मैंने डंडा सँभाला।

नंबू : मियाँ, अभी देख लीजिए फिर न कहिएगा। मेरे कोट पर पहले से धब्बे पड़े हुए हैं।

खेरा : और हजूर मेरा पायजामा फटा है।

मिर्ज़ा : अबे तो पीठ दीवार की तरफ रखना—और खेरा तू पाँयचा चढ़ा लेना—अच्छा, अज़रा तुम बराबर देखती रहना कौन क्या ले जाता है—मेरा माल बरबाद न जाने पाए और तैयार रहना मैं तुम्हें घर की बहू से मिलाने वाला हूँ—तुमसे मिलने और ससुराल देखने आ रही है—सुन लिया तुमने मैंने क्या कहा?

अज़रा : जी, सुन लिया।

मिर्ज़ा : और तुम फर्रुख—तो सुनो छैला मियाँ। मैं पिछली बातें माफ कर चुका हूँ। अब मुँह न फुलाए रहना सबके सामने।

फर्रुख : मैं और मुँह फुलाऊँ—वह किस लिए?

मिर्ज़ा : बस चिकनी-चुपड़ी बातें न बनाओ—मैं तुम छोकड़ों को

खूब जानता हूँ—सुनो, अगर तुम चाहते हो कि तुम्हारी पिछली हरकतें बिलकुल ही भुला दूँ तो खबरदार मेहमानों का इस्तेकबाल अच्छी तरह करना।

फर्रुख : सच, पूछते हैं, आप अब्बाजान। मैं इस बात से खुश तो नहीं हूँ कि इस घर में मेरी माँ की जगह कोई और लेने आ रहा है—मगर आपके मेहमानों से हँस-बोल मिलना उनकी खातिर मुदारात करना—इसमें कोई कमी न होगी।

मिर्ज़ा : इतना ही बस है।

फर्रुख : जी हाँ आपको शिकायत का मौका न दूँगा।

मिर्ज़ा : तुम जाओ—और तुम नासिर मियाँ, तुम यहीं ठहरो—यह अल्फू मियाँ किधर गए। इधर आओ तुम दोनों।

अल्फू : आ गया। अब यह फरमाइए कि आप अल्फू कोचवान से बात करना चाहते हैं या अल्फू बावरची से? अल्फू दोनों ही हैं।

मिर्ज़ा : दोनों से।

अल्फू : पहले किससे?

मिर्ज़ा : बावरची से

अल्फू : तो ठहरिए, कोचवान की वर्दी उतार लेने दीजिए। *(वर्दी उतारकर)* यह लीजिए मैंने चिमटा और फूकनी ले ली—अब फरमाइए।

मिर्ज़ा : यह क्या बदतमीजी थी?

अल्फू : इसे छोड़िए—काम बताइए?

मिर्ज़ा : आज रात हमारे यहाँ दावत है—बोलो क्या खिलाओगे?

अल्फू : *(दबी ज़बान से)* मियाँ और दावत—बड़े अचंभे की बात सुन रहा हूँ— *(धीमी आवाज़ से)* जो खाइए, रुपए दिलवाइए, सब कुछ लीजिए।

मिर्ज़ा : अबे हर वक़्त रुपया-रुपया—रुपये के सिवा कुछ कहना ही नहीं जानता—रुपये का राग गाता है।

नासिर : जी हाँ, निहायत गुस्ताख़ बावरची है।

मिर्ज़ा : अच्छा अल्फू। बको मत—अब काम की बात कहो।

अल्फू : मियाँ कम-से-कम आवजोश के चार प्याले हों और कोई पाँच प्लेट पुलाओ की।

मिर्ज़ा : ऐ, ऐ, ठहरो। यह तो शहर भर की दावत का सामान बता रहा है।

अल्फू : हुजूर और भी सुनिए दो अदद मुर्ग-मुसल्लम।

मिर्ज़ा : *(मुँह पर हाथ मारकर)* अवा—वा, वा, वा? ओ मुतफन्नी, मेरी सारी जमा जथा मेहमानों को खिला देगा।

अल्फू : अभी और है, सरकार-सीख के पसंदें।

मिर्ज़ा : फिर वही।

नासिर : अल्फू—सबको बदहजमी कराओगे—खिला-खिला कर मिर्ज़ा साहब सबको मार डालेंगे क्या? खाना जीने के लिए होता है या जीना खाने के लिए? क्यों मिर्ज़ा साहब।

मिर्ज़ा : भई वाह नासिर मियाँ, क्या खूब बात कही है तुमने—इधर आओ इसी पर मैं तुम्हें सीने से लगा लूँ।

नासिर : अब मैं अर्ज करता हूँ कि दावत का इंतजाम मुझ पर छोड़िए—सब ठीक हो जाएगा।

मिर्ज़ा : हाँ भई खाने सब ऐसे होने चाहिए कि ज्यादा न खाए जाएँ कुछ दाल भरा पानी हो—गरमागरम घर की रोटियाँ हों, खूब सिंकी हुई और प्याज के लच्छों का कचूमर।

नासिर : आप इत्मिनान रखें। दावत आपकी मर्जी के मुताबिक होगी और बड़ी धूम से होगी!

मिर्ज़ा : अच्छा, अल्फू जाओ और गाड़ी साफ करो।

अल्फू : कोचवान से कह रहे हैं। तो जरा ठहरिए। लीजिए, यह चिमटा और फूँकनी रख दी—और *(वर्दी बदलते हुए)* यह कोचवान की वर्दी पहन ली।

मिर्ज़ा : जाओ, गाड़ी साफ करो—घोड़े तैयार रहें—तुम्हें मेहमानों को लेकर मेले जाना होगा।

अल्फू : मेला तो मेला—घोड़े तो मियाँ कहीं भी जाने के लिए तैयार नहीं—लीद में पड़े सड़ रहे हैं—थान पर बिछाने के लिए सूखी घास तक तो है नहीं—हुजूर कहने की बात तो नहीं

है, पर है यह कि आप घोड़ों को इतना भूखा रखते हैं कि अब वह घोड़े नहीं घोड़ों का साया रह गए हैं।

मिर्ज़ा : काम नहीं करेंगे तो आप हो जाएँगे।

अल्फू : काम ने करें तो खाएँ भी नहीं?

मिर्ज़ा : अरे तो चार कदम मेले तक जाने में कौन-सी बड़ी परेड होगी।

अल्फू : नहीं मियाँ—उन्हें जीतने की हिम्मत मुझमें तो नहीं है—बड़ी बात है, वह अपने आपको खींच नहीं सकते—गाड़ो क्या खींचेंगे।

नासिर : कुछ परवाह नहीं, मैं पड़ोसी से कहकर गाड़ी भिजवाने का इंतजाम कराए देता हूँ।

(जाता है।)

अल्फू : बड़ी खुशी से। मैं तो खुदा से चाहता हूँ कि घोड़ों की मौत मेरे हाथ से न आए—हजूर सुनते थे। खुशामदी टट्टू मुझे जरा नहीं भाते—नासिर मियाँ के हथकण्डे में सब खेद रहा हूँ—खाने के मामले में यह भाँजी मारे-घोड़ों के बीच में यह बोले—क्यों? सिर्फ आपके दिल में घर करने के लिए—सुनते-सुनते कान बहरे हो गए—लोग आपको कहते हैं और सुन-सुन के दुःख मुझे होता है। घोड़ों से बढ़कर मुझे आपका ख्याल है।

मिर्ज़ा : क्या कहते हैं, ये लोग, मैं भी तो सुनूँ।

नंबू : जाने दीजिए, आप बिगड़ जाएँगे।

मिर्ज़ा : हरगिज नहीं। उल्टा तुम्हारा शुक्रगुजार हूँगा।

अल्फू : नहीं मानते तो सुनिए—लोग आपकी हँसी उड़ाते हैं, जिसे देखो आप पर फब्तियाँ कसा करता है—कहते हैं, आप इतवार-इतवार नौकरों पर खफा हो जाते हैं—और दिन भर की तनख्वाह काट लेते हैं। सुना है, एक बार रात के अँधेरे में आप घोड़ों का रातव चुराते पकड़े गए—और अल्फू से पहले जो कोचवान था उसने—गिनती तो याद नहीं, आपके इतने हंटर रसीद किए कि छठी का दूध

याद आ गया–मगर आप गोल हो गए–किसी से जिक्र तक नहीं, क्या–जिधर जाओ आपकी चर्चा–जिससे सुनो आपका नाम–लोगों ने आपको उल्लू बना रखा है–कोई कंजूस कहता है तो सरकार, कोई मक्खीचूस पुकारता है किसी ने आपका नाम जोंक रख छोड़ा है।

मिर्ज़ा : *(मारते हुए)* गुस्ताख, बदमाश, बदजबान, बदलगाम–

नंबू : मैं, मैं....मैंने क्या कहा था कि सच बोल और पिटाई हुई।

मिर्ज़ा : अबे, तू सच बोलने की तमीज़ सीख–

(जाता है)

नंबू : *(चलते चलते)* अब से सच बोलने वाले पर खुदा की मार–शैतान की फटकार बड़ा गंदा काम है। सच बोलना–कान पकड़े-तोबा की अब से सच न बोलने की कसम खाता हूँ–ख़ैर, मिर्ज़ा जी, हमारी ठोंक पीट तो चट में हो गई, कपड़ों की धूल झड़ गई। मगर यह मियाँ नासिर, इनसे तो बदला लिए बगैर रहूँगा नहीं–कैसा भड़का रहे थे, मिर्ज़ा जी को।

(फरजीना और मरियम का दाखिल होना)

फरजीना : नंबू–तुम्हारे मियाँ हैं?

नंबू : हैं क्यों नहीं–*(दबी जबान से)* उन्हें मौत और रिजक कहाँ।

फरजीना : तो जरा उनसे कह दो हम लोग आए हैं।

मरियम : मैं बड़े चक्कर में हूँ–न जाने क्यों दहशत-सी हो रही है–मैं दावत में आई हूँ, मगर दिल बैठा जा रहा है।

फरजीना : क्यों क्या बात है?

मरियम : क्या पूछती हो फरजीना–फाँसी पर जाने वाली की जो हालत होती है वही मेरी कैफियत हो रही है।

फरजीना : मरियम बी, मिर्ज़ा जी वह फाँसी नहीं है जिसे तुम खुशी-खुशी गले डाल लोगी। तुम्हारे तेवर पुकार रहे हैं कि इस वक़्त वह आँखों में फिर रहा है, जिसका जिक्र तुमने किया था।

मरियम : तुम झूठ नहीं कहतीं—है तो कुछ ऐसा ही। हमारे साथ जिस शराफत का वह बर्ताव करता है, मुझ पर उसका असर क्यों न होता।

फरजीना : यह भी जानती हो कि वह है कौन?

मरियम : नहीं—हाँ उसे देखती हूँ तो फिर निगाह नहीं हटा सकती—दिल खिंचता है—मुझसे पूछा जाता तो सबसे बढ़कर उसी को—

फरजीना : *(बात काटकर)* नादान—लड़की—यह नौजवान लड़कियों को ही खुश किया करते हैं—इन्हें ये खेल खूब आता है—मगर मुफलिस होते हैं। जाहिर की भड़क पर धोखा न खाओ—तेरे लिए तो ये बड़े मियाँ ही मौज़ूँ हैं—रखेंगे तो चैन से, तू जैसा नाच नचाएगी नाचेंगे, उठाएगी उठेंगे, बिठाएगी बैठेंगे, बुड्ढे की बात मंजूर कर ले—आज मरे कल दूसरा दिन—फिर दूसरा कर लेना।

मरियम : अपने मजे के लिए किसी दूसरे के मरने की आरजू करना—या उसकी मौत का इंतजार तो अजीब-सी बात है। *(हँसती है।)*

फरजीना : हँसी की बात नहीं—मिर्ज़ा जी से तुम्हारा निकाह समझ कर ही किया जा रहा है कि कुछ ही दिन बाद तुम्हारा सोहाग उतर जाएगा—तीन-चार महीने के अंदर-अंदर बुड्ढा न चल बसे तो समझ लेना कि बड़ा बतमीज़ है—लो मिर्ज़ा जी आ रहे हैं।

मरियम : उ ई—ये कैसे हैं।

मिर्ज़ा : *(खँखारकर, कुछ खाँसते हुए)* ऐनक लगाकर आया हूँ, नाराज़ न होना—तुम्हारे हुस्न की शुआओं से मेरी आँखें तो बेशक चुंधिया गईं—मगर हुस्न दिखाई दे रहा है। जिसे देखने के लिए चश्मे की जरूरत तो नहीं, मगर सितारे ऐनक से ही अच्छे दिखाई देते हैं। और मैं कहता हूँ कि मरियम तुम एक सितारा हो और सितारों की दुनिया का सबसे हसीन और दिलकश सितारा *(फरजीना से)* फरजीना ये तो बोलती ही नहीं—और मैं देख रहा हूँ कि जुबाँ भी

नहीं है।

फरजीना : मियाँ, अल्हड़ लड़की है, शरमाएगी नहीं? अभी तो हर बात इसे अचँभा लगेगी—फिर आप जानते हैं कि दल की कली खिलते-खिलते ही खिलेगी।

मिर्ज़ा : ठीक कहती हो *(अज़रा आती है)* लो भई अज़रा से मिलो—ये मेरी बेटी है, तुम इससे मिलने को तड़प रही थीं।

मरियम : माफ करना बहन, आने में जरा देर हो गई।

अज़रा : नहीं, आपकी पेशवाई के लिए मुझे पहले आना चाहिए था।

मिर्ज़ा : बेटी अज़रा तुमने देखा कैसी शानदार लड़की है।

मरियम : *(फरजीना से)* और इन्हें देख मेरा जी पतलाने लगा है।

मिर्ज़ा : फरजीना, क्या कहती है ये?

फरजीना : कहेगी क्या आपकी तारीफ कर रही है।

मिर्ज़ा : फरजीना, खुश कर दिया इन्होंने।

मरियम : फरजीना-फरजीना-फरजीना चलो यहाँ से हमसे तो अब नहीं ठहरा जाता।

(फर्रुख आता है।)

मिर्ज़ा : लो भई ये हमारे साहबजादे फर्रुख हैं, तुम्हारे सलाम को आए हैं।

मरियम : ओह, ये क्या? फरजीना—मेरे अल्लाह ये तो वोही हैं।

फरजीना : क्या कह रही हो—बड़े अचंभे की बात हुई यह तो।

मिर्ज़ा : भई ये हमारे माशाअल्लाह इतने बड़े बेटा-बेटी देखकर चौंकी जरूर होंगी। मगर ये लोग अनकरीब अपना-अपना घर बसाने वाले हैं। अभी अब्बाजान ने अपने इरादे का इजहार किया तो मुझे और भी हैरत हुई।

मरियम : *(चुपके से)* मैं, मैं भी यही कहती हूँ मैं इसके लिए तैयार न थी।

फर्रुख : बेशक अब्बाजान इससे बेहतर इंतखाब नहीं कर सकते थे—आप से न्याज़ हो गया, जहेइज्ज़त मुझे बड़ी खुशी

हुई कि आप मेरी सौतेली माँ बनने वाली हैं मगर मुझे आपका यह रिश्ता पसंद नहीं आया। मुमकिन है कि मेरी बात किसी को नागवार हो मगर कहे बगैर न रहूँगा कि मेरे मफाद के खिलाफ है—और मेरे साथ में होता तो कभी न होने देता।

मरियम : आप मेरा सौतेला बेटा बनना पसंद नहीं फरमाते तो मैं भी बनना नहीं चाहती—सच कहती हूँ अपने बस में होती तो इस रिश्ते की कभी न हामी भरती।

मिर्ज़ा : ठीक है अहमक़ की बात का ये ही जवाब हो सकता है—मरियम माफ करना हमारा फर्रुख अभी नादान बच्चा है—नहीं समझता कि उसकी बकवास का नतीजा क्या निकलेगा।

मरियम : मैं नाराज़ नहीं हूँ—यह तो और अच्छा हुआ कि इन्होंने अपने दिल की बात कह दी।

मिर्ज़ा : छोड़ो भई, और कुछ कहो।

फर्रुख : आपकी खुशी है तो यूँ ही सही—सुनिए और समझ लीजिए कि मैं इस वक़्त अब्बाजान की जगह हूँ—कहना ये है कि मैंने दुनिया में आप जैसा दिलकश किसी खातून को नहीं पाया—आपका शौहर होना वह इज्ज़त है जो शहज़ादों को ही नसीब हो सकती है—आपको अपनाने के लिए मैं हर रुकावट को, हर काँटे को....

मिर्ज़ा : *(तिलमिलाकर)* फर्रुख, जरा सोच-समझ कर।

फर्रुख : अब्बाजान ये तो मैं आपकी तरफ से कह रहा हूँ।

मिर्ज़ा : माफ कीजिए मैं भी मुँह में ज़बान रखता हूँ—मुझे आपकी तरजुबानी की जरूरत नहीं—*(ऊँची आवाज़ से)* कुर्सियाँ लाओ।

फरजीना : ठहरिए हम लोग मेले से लौट आएँ तब जी भर के बातें कर लीजिएगा।

(नत्थू दिखाई देता है।)

मिर्ज़ा : कौन नत्थू—कहो-कहो गाड़ी जोड़ी जाए *(मरियम से)* भूल

गया माफ करना, जाने से पहले कुछ मेवा-मिठाई खा लेती।

फर्रुख : अब्बाजान—आपकी तरफ से मैंने इसका इंतज़ाम कर लिया है—कुछ संतरे और अंगूर वगैरह मँगवाए हैं।

मिर्ज़ा : *(नासिर से)* नासिर देख रहे हो?

नासिर : अहमक ही जो ठहरा।

फर्रुख : बस है न अब्बाजान।

मरियम : ज़रूरत तो न थी।

फर्रुख : कहिए इतना बड़ा हीरा भी देखा आपने जो अब्बाजान की अँगूठी में है।

मरियम : जी हाँ वाकई अच्छा है।

फर्रुख : अब्बाजान जरा उतारिए तो अँगूठी *(अँगूठी लेकर मरियम को देता है)* अब देखिए।

मरियम : जी कहाना बहुत खूब है।

फर्रुख : बस तो अबू आप ही पहनिए, आपकी उँगली में और भी निखर गई—ये अब्बाजान की तरफ से तोहफा समझिए।

मिर्ज़ा : क्या कहा, क्या कहा?

फर्रुख : जी हाँ, आप तो देना चाहते थे ना?

मिर्ज़ा : *(आहिस्ता से)* मार डाला—क्या बकता है?

फर्रुख : अब्बाजान की खुशी है, ये अँगूठी तो पहननी होगी।

मरियम : जी मैं नहीं लेती।

फर्रुख : तो अब्बाजान भी नहीं लेते।

मिर्ज़ा : मैं पागल हो जाऊँगा।

मरियम : यह तो.....

फर्रुख : मैं कहता हूँ ले लीजिए—अब्बाजान बुरा मान जाएँगे।

मरियम : भई......

फर्रुख : भई भई, कुछ नहीं।

मिर्ज़ा : खुदा की मार इस छोकरे पर।

फर्रुख : देखिए न, बिगड़ चले।

मिर्ज़ा : लुच्चा कहीं का।

फर्रुख : कैसे तिलमिला रहे हैं।

मिर्ज़ा : बदमाश।

फर्रुख : क्या करूँ? अब्बाजान मिन्नतें कर रहे हैं, इनकार न कीजिए, ले लीजिए।

मिर्ज़ा : शैतान।

फर्रुख : ले भी लीजिए—आपकी वजह से मुझ पर झाड़ पड़ रही है।

मिर्ज़ा : पाजी।

फर्रुख : देखिए—डर है कि उन्हें दौरा न पड़ जाए—ले लीजिए खुदा के लिए ले लीजिए।

फरजीना : लड़की, ले क्यों नहीं लेती। बड़े मियाँ खुशी से दे रहे हैं, इन्हें नाराज़ क्यों करती है?

मरियम : जनाब रंजिदा न हों—लिए तो लेती हूँ मगर लौटा दूँगी।

नत्थू : *(आते हुए)* हुजूर कोई साहब आपसे मिलने आए हैं।

मिर्ज़ा : दूर हो यहां से—कह दे हमें फुरसत नहीं।

नत्थू : हुजूर रकम लेकर आए हैं।

मिर्ज़ा : अच्छा-अच्छा—भई तुम लोग माफ करना मैं अभी आया। **(बाग की तरफ जाता है।)**

फर्रुख : अब्बाजान, घबराइए नहीं—इधर से बाहर जाइए। **(सखावत बढ़ता है और खेरा से टकराकर गिरता है।)**

मिर्ज़ा : नासिर, देखते रहना, जहाँ तक हो बचत का ख्याल रखना—बचा-खुचा वापस कर देंगे।

नासिर : ये भी आपके फरमाने की बात है।

मिर्ज़ा : ये फर्रुख नालायक मुझे बर्बाद करने पर तुला हुआ है। **(जाता है।)**

फर्रुख : *(मरियम से)* आइए—यहाँ बैठिए—अब आजादी से बात हो सकती है।

अज़रा : हाँ, बहन फर्रुख भाई साहब सब कुछ कह चुके हैं—घबराओ नहीं हम तुम्हारे साथ *(नासिर से)* नासिर तुम जरा.... *(नासिर चला जाता है)*

मरियम : शुक्रिया—अब जरा जी ठहरा।

फरजीना : मैं पूछती हूँ तुम दोनों ने मुझसे क्यों नहीं कहा—मैं सब ठीक-ठाक कर देती—बात यहाँ तक क्यों बढ़ती।

फर्रुख : बोलो मरियम अब मुझसे क्या चाहती हो—क्या इरादा है तुम्हारा?

परियम : क्या बताऊँ—पराये बस में हूँ—अम्मा का खयाल आता है—बड़े दुलार से पाला है उन्होंने—मैं उन्हें परेशान नहीं कर सकती—आप उनसे बात कीजिए-अपनी मैं कह दूँगी।

फर्रुख : फरजीना तुम हमारी मदद नहीं कर सकतीं?

फरजीना : भला तुम्हारे कहने की बात है—मैं पत्थर दिल की तो नहीं हूँ। बोलो क्या करूँ?

फरुख : मैं क्या बताऊँ फरजीना तुम हो कोई जोड़ चलो और.....

फरजीना : वो ही तो मुश्किल है—मरियम की अम्मा तो खैर समझदार है, मान जाएगी—अपनी बेटी बाप को न सही बेटे को दे देगी—मगर फर्रुख मियाँ तुम्हारे बाबा तुम्हारे ही बाबा हैं—मगर उनके लिए इनकार हो गया तो जी में रखेंगे और मरियम का ब्याह तुमसे न होने देंगे—होना यह चाहिए कि वह आप से आप इनकार कर दें।

फर्रुख : ठीक कहती हो।

फरजीना : मगर ये हो तो क्यूँ कर हो—*(कुछ सोचकर)* ठहरो—एक तरकीब समझ में आती है—वो ये कि कोई बूढ़ी बीवी ऐसी ढूँढ़ी जाए मुझ-सी ऐय्यार, चालाक, चरित्रवान हो, लंबा-चौड़ा नाम हो, उन्हें बेग़म बनाकर तुम्हारे बाबा को उधर झुका दें, और यक़ीन दिला दें कि बेग़म साहिबा करोड़पति हैं, और आपने निकाह कर लिया तो सारी दौलत आपके नाम लिखने को तैयार हैं।

फर्रुख : बात तो लगती हुई है।

फरजीना : लो मियाँ याद आया—है एक बेग़म—वो ये काम कर देंगी।

फर्रुख : बस तो काम बन गया, फरजीना बुआ उमर भर तुम्हारा

शुक्रगुजार रहूँगा—अब मरियम की अम्मा को राजी करना रह गया—और ये भी तुम्हीं को करना है।

फरजीना : खैर—अपनी-सी कोशिश करूँगी फर्रुख मियाँ।

(सखावत का आना)

(सखावत आता है)

मिर्ज़ा : *(अपने आप से)* ये खूब घुल-मिल के बातें हो रही हैं—ज़रूर कुछ दाल में काला है।

अज़रा : अब्बाजान आ गए।

मिर्ज़ा : लड़कियाँ गाड़ी तैयार है।

फर्रुख : आप तो जा नहीं रहे—मैं इनके साथ जाता हूँ।

मिर्ज़ा : जी नहीं—तुमसे मुझे काम है—ये लोग आप चले जाएँगे—*(अज़रा, फरजीना और मरियम जाते हैं)* फर्रुख—बताओ कि तुम्हारी होने वाली अम्मा कैसी है?

फर्रुख : मैं क्या अर्ज करूँ?

मिर्ज़ा : उनके हुस्न, बातचीत, चाल-ढाल को कैसा समझते हो?

फर्रुख : *(दबी ज़बान से)* जी वो.....

मिर्ज़ा : चबाते क्यों हो, बोलो न?

फर्रुख : अब्बाजान—साफ-साफ कहलवाना चाहते हैं तो ये हैं जो मैं समझे हुए था वो नहीं हैं—बातचीत में गमज़दा हैं—जिस्म में भद्दापन है—सूरत-शक्ल मामूली है—रही नज़लासंजी और मज़ाक वो सतही है।

मिर्ज़ा : अभी जो तुम उनसे कह रहे थे कि.....

फर्रुख : वो तो मैं आपकी तरफ से कह रहा था—आपको खुश करना था।

मिर्ज़ा : मतलब ये कि खुद तुम्हारा झुकाव मरियम की तरफ नहीं?

फर्रुख : जी बिलकुल नहीं है।

मिर्ज़ा : सोच रहा था कि अगर मैं मरियम से निकाह करता हूँ तो लोग उँगलियाँ उठाएँगे इसलिए इनकार कर देना मुनासिब है—मरियम का निकाह तुम्हारे साथ हो जाता, मगर तुमको उससे नफरत-सी है।

फर्रुख : किसे, मुझे?

मिर्ज़ा : हाँ।

फर्रुख : मतलब ये कि आप मरियम से मेरा निकाह कर देते।

मिर्ज़ा : हाँ हाँ भई।

फर्रुख : मरियम मुझे पसन्द तो नहीं—आप चाहते हैं तो कर लूँगा।

मिर्ज़ा : नहीं भई मैं तुम पर दबाव नहीं डालूँगा।

फर्रुख : आपकी ख़ातिर मुझे दबाव सहना मंजूर है।

मिर्ज़ा : साहिबजादे, बीवी अपने जी की सी ना हो तो रास नहीं आती।

फर्रुख : शादी के बाद मोहब्बत हो ही जाती है, अब्बाजान।

मिर्ज़ा : अजी तुम्हारे कहने से क्या होता है, ऊँ हूँ? नहीं भई मैं खुद ही.....

फर्रुख : ये बात है तो सुनिए अब्बाजान, मैं मरियम को उस दिन से चाहता हूँ, जब मैंने उसे पार्क में देखा था—मैं तो कब का उससे शादी कर चुका होता—सिर्फ आपकी खुशी की ख़ातिर चुप रहा।

मिर्ज़ा : हूँ—तुम कभी मरियम के घर गए हो?

फर्रुख : जी हाँ।

मिर्ज़ा : कितनी बार?

फर्रुख : बारह।

मिर्ज़ा : फिर वहाँ तुम्हारी ख़ातिर-मुदारत हुई?

फर्रुख : बहुत कुछ—मगर किसी को पता नहीं चला कि मैं कौन हूँ—इसी पर तो यहाँ मुझे देख कर मरियम चौंक पड़ी थी।

मिर्ज़ा : तुमने शादी करने का इरादा ज़ाहिर किया था?

फर्रुख : जी हाँ। बल्कि उनकी अम्मा से भी कहा था।

मिर्ज़ा : क्या जवाब मिला?

फर्रुख : सुन कर बहुत खुश हुईं।

मिर्ज़ा : मरियम को भी तुमसे मोहब्बत है?

फर्रुख : बहुत।

मिर्ज़ा : अच्छा हुआ ये भेद खुल गया। सुनो साहबजादे—मेहरबानी करके तुम इस लड़की से हाथ धो डालो—इससे मैं शादी करूँगा—तुमको उस लड़की से निकाह करना होगा जिसे मैं चाहता हूँ।

फर्रुख : ये कैसे—मरियम को मैं नहीं छोड़ सकता।

मिर्ज़ा : बड़े पाजी हो—बाप के मामले में टाँग अड़ाते हो।

फर्रुख : ये तो आप कर रहे हैं।

मिर्ज़ा : क्या मैं तुम्हारा बाप नहीं हूँ? क्या मेरी इज्ज़त करना तुम्हारा फर्ज नहीं?

फर्रुख : मोहब्बत के मामले में बाप-वाप कुछ नहीं सूझता—इसमें बेटे को मजबूर नहीं किया जा सकता।

मिर्ज़ा : मैं डंडे के जोर से समझाऊँगा।

फर्रुख : धमकियों से मैं नहीं डरता।

मिर्ज़ा : तो मरियम से तुम हाथ नहीं उठाने के?

फर्रुख : हरगिज़ नहीं।

मिर्ज़ा : *(फर्रुख को मारने के लिए हाथ उठाता है)* तो ये लो... *(अल्फू पीछे से आकर हाथ रोक लेता है।)*

अल्फू : हाँ-हाँ मियाँ, ये क्या हो रहा है?

मिर्ज़ा : मुझे इस पाजी की तिनके बराबर परवाह नहीं।

अल्फू : धीरज! धीरज!

मिर्ज़ा : गुस्ताखी करता है?

अल्फू : फर्रुख मियाँ खुदा के लिए....

फर्रुख : मैं इंच भर नहीं दबने का।

अल्फू : फर्रुख मियाँ, ये आप अपने वालिद से कह रहे हैं?

मिर्ज़ा : ठहरो, मैं इसको मज़ा चखाता हूँ।

अल्फू : हुजूर फर्रुख मियाँ आपके फरजंद हैं।

मिर्ज़ा : अल्फू—तुम ही इंसाफ करो।

अल्फू : फरमाइए क्या बात हुई?

मिर्ज़ा : कुछ नहीं—मैं एक लड़की से शादी करना चाहता हूँ—ये नालायक भी उसी को चाहता है।

अल्फू : ये तो ठीक नहीं।

मिर्ज़ा : तुम बताओ अल्फू—बाप के मामले में बेटा काँटा मारे तो कैसा?

अल्फू : बहुत बुरा। अच्छा आप वहीं तशरीफ रखिए। मैं बात करता हूँ फर्रुख मियाँ से।

फर्रुख : अल्फू—अब्बाजान तुम्हें पंच ठहराते हैं मान लिया—अब तुम इन्साफ करो कि मैं किसी को प्यार करता हूँ, वो भी मुझे चाहती है, और ये हमारे अब्बाजान हैं कि बीच में डंडी मार रहे हैं—बोलो?

अल्फू : बेशक गलती पर है।

फर्रुख : इनका बुढ़ापा देखो, और निकाह का शौक देखो।

अल्फू : हँसी में कहते हैं—*(सखावत के पास जाकर)* मिर्ज़ा साहब हमारे फर्रुख मियाँ तो बड़े समझदार हैं—कहते हैं। अब्बाजान का बर्ताव मेरे साथ अच्छा नहीं अगर आप इनकी शादी इनकी मरजी से कर दें तो आपका हर हुकुम मानने को तैयार हैं।

मिर्ज़ा : कह दो—मरियम को छोड़ कर जिससे चाहे इनकी शादी कर दूँ।

अल्फू : *(फर्रुख के पास जाकर)* फर्रुख मियाँ आपके वालिद सुलझे हुए बुजुर्ग हैं—आपकी बातों पे ज़रा तेज़ हो गए—आप जरा नरमी से काम लीजिए।

फर्रुख : अल्फू मेरी जानिब से अर्ज कर दो अगर आप मरियम का नाम न लें तो मुझे हमेशा अपना फरमाबरदार बेटा पाएँगे।

अल्फू : चलिए हो गई *(सखावत के पास जाकर)* मियाँ, साहबजादे ने आपका कहना मान लिया।

मिर्ज़ा : मैं खुश हुआ।

अल्फू : चलिए झंझट गया—अब बैठकर सुभीते से बात कीजिए—ये क्या कि बाप डंडा ताने खड़ा है, बेटा है कि पिट रहा है।

मिर्ज़ा : तुमने इस वक़्त इनाम वाली बात की–*(जेब टटोलकर)* देखूँ जेब में क्या है–*(खाली रूमाल निकालता है)* अबे सिर्फ रूमाल निकला–खैर अल्फू अब तुम जाओ, फिर देखा जाएगा।

अल्फू : जो हुक्म *(चला जाता है)*।

फर्रुख : अब्बाजान माफी चाहता हूँ आपको मैंने नाराज़ कर दिया।

मिर्ज़ा : कोई बात नहीं–अब जो माँगोगे वो पाओगे।

फर्रुख : आपने मरियम को दे दिया, मुझे सब कुछ मिल गया।

मिर्ज़ा : ऐं, ये क्या–कौन कहता है मैंने मरियम को तुम्हें दे दिया?

फर्रुख : आपने कहा।

मिर्ज़ा : फिर उतर आए उसी शरारत पर?

फर्रुख : मुझे कोई नहीं बदल सकता।

मिर्ज़ा : मैं बदलूँगा पाजी।

फर्रुख : आप जो चाहें।

मिर्ज़ा : खबरदार जो तूने अपना काला मुँह मुझे दिखलाया।

फर्रुख : कल का होता आज।

मिर्ज़ा : मैंने तुझे माफ किया।

फर्रुख : कर दीजिए।

मिर्ज़ा : तू मेरा बेटा नहीं है।

फर्रुख : यूँ ही सही।

मिर्ज़ा : मेरी बद्दुआ तुझे लगे।

फर्रुख : अपना तोहफा अपने पास ही रखिए।

मिर्ज़ा : ठहर तो सही–*(चला जाता है।)*

(नंबू आता है)

नंबू : *(दूर से)* मियाँ खूब मिले, जल्दी आइए मेरे साथ।

फर्रुख : क्या है?

नंबू : ऊँ हूँ? आइए तो सही, खैरियत है।

फर्रुख : अरे बता तो सही–है क्या?

नंबू : आप ही का काम है।

फर्रुख : वोह क्या?

नंबू : मियाँ दिन भर घात में लगा रहा।

फर्रुख : किसकी?

नंबू : आपके वालिद की अशर्फियों की।

फर्रुख : फिर?

नंबू : मिल गई।

फर्रुख : ओह। वो कैसे?

नंबू : अभी बताता हूँ। आप आइए तो सही—*(दूर से मिर्ज़ा साहब के चिल्लाने की आवाज़)* वो देखिए आपके बाबा ने कोहराम मचा रखा है—पुलिस को बुलाने आदमी भेजा है—*(दोनों जाते हैं।)*

मिर्ज़ा : *(शोर मचाते हुए दाखिल होकर)* चोर-चोर। कत्ल, खून, इन्साफ, इन्साफ। इन्साफ खुदा के लिए इन्साफ, तबाह हो गया—मार डाला गया। हाय मेरा गला काट लिया—हाय हाय, मेरा रुपया चोरी गया—कौन होगा? कहाँ होगा? किधर गया? और कहाँ छुप रहा है.....हाय कहाँ ढूँढूँ—कहाँ निकालूँ? वहाँ तो नहीं है? यहाँ तो नहीं? ठहर—कौन जाता है? *(अपना बाजू पकड़ के)* इधर आ बदमाश—लुटेरे। डाकू। कहाँ हूँ क्या कर रहा हूँ? नहीं जानता। अरे नहीं जानता—अफसोस मेरा बेचारा रुपया—मेरा गरीब रुपया—मेरे दोस्त, तुझझे मुझ से छुड़ा लिया गया—तू चला गया—मेरा चैन गया, मेरा आराम गया—मेरी खुशी गई—हाय मैं मर गया—मैं जिंदा दरगौर हो गया—लोगो कोई तो मुझे जिला दो, कोई तो मेरा रुपया दिला दो, अरे ये तो बता दो—किसने लिया? बोलो कुछ तो बोलो—अफसोस कोई नहीं बोलता—जिसने मुझे चोट दी न जाने कब से ताक में था—मैं उस नाक्कार लड़के से बातों में लगा रहा और कोई मूस ले गया—जाता हूँ। नालिश करूँगा घर-घर की मुश्कें कसवा दूँगा—कोई हो, नौकर हो, खिदमतगार हो, मेरा बेटा हो, बेटी हो, चाहे मैं खुद हूँ—ये सब लोग क्यों इकट्ठा हैं—मुझे सब पर शुबहा, सब चोर

हैं, क्या कह रहे हैं—चोर का नाम ले रहे हैं—अरे ये छत पर क्या हो रहा है—बेशक चोर हैं—चोर है तो खुदा के लिए मुझे बता दो—अरे तुम में से तो कोई नहीं? अरे सब मुझे घूर रहे हैं, सब हँस रहे हैं—सबने मिलकर चुराया है—अरे दौड़ी-दौड़ी। पुलिस। पुलिस। थानेदार, हवलदार-कोतवाल- फाँसी, सूली, जेल—मैं दुनिया भर को फाँसी पर चढ़वा दूँगा—रुपया न मिला तो खुद भी फाँसी ले लूँगा—*(चला जाता है।)*

(पर्दा गिरता है।)

(हवलदार और मिर्ज़ा सखावात बेग़)

हवलदार : मिर्ज़ा जी, यह सब मुझ पर छोड़िए, मैं सब को जानता हूँ, उमर गुजरी चोरियाँ पकड़ते, कोई आज से ही काम नहीं करता।

मिर्ज़ा : हवलदार साहब, इस चोरी में हर मजिस्ट्रेट को दिलचस्पी लेनी है, न दिलाया मेरा रुपया—फिर खुद अदालत को अदालत में न खिंचवाया तो मेरा मिर्ज़ा सखावत बेग़ नाम नहीं।

हवलदार : हाँ, दौड़-धूप तो करनी ही चाहिए। आपका बयान है कि डिब्बे में......

मिर्ज़ा : गिनी हुई दस हजार अशर्फियाँ थीं।

हवलदार : दस हजार?

मिर्ज़ा : *(रोकर)* जी दस हजार।

हवलदार : फिर तो साहब भारी चोरी हुई।

मिर्ज़ा : और क्या—इतनी संगीन चोरी कि जितनी भी सजा मिले, थोड़ी है—वरना समझ लीजिए शहर में किसी की आबरू नहीं बचेगी।

हवलदार : भला यह मोहरें थीं किस ठप्पे की?

मिर्ज़ा : अरे साहब खास मल्का के ठप्पे की, बिल्कुल खरे सोने की।

हवलदार : चोरी का शुबहा किस पर है?

मिर्ज़ा : सारी दुनिया पर, मैं कहता हूँ आप शहर भर को हथकड़ी लगाइए बल्कि आस-पास के गाँव भी न छोड़िए।

हवलदार : लोगों को डराना-धमकाना तो नहीं चाहिए—सीधी तरह चोरी का सुराग लगाना चाहिए—फिर देखिए सबूत मिला और मैंने हलक में उँगली डालकर अशर्फियाँ उगलवाईं। *(अल्फू आता है।)*

अल्फू : गला-काटूँ, टाँग जलाऊँ, उबलते पानी में डालूँ और फिर छत से लटका दूँ।

मिर्ज़ा : इधर तो आ अल्फू—किस को, चोर को?

अल्फू : नहीं तो, मुर्ग को कह रहा हूँ जो अभी-अभी नासिर मियाँ ने भिजवाया है—देखिएगा कितने मजे का पकाता हूँ।

मिर्ज़ा : मैं यह नहीं पूछता हूँ। हाँ हवलदार साहब इस अल्फू से भी तो पूछिए।

हवलदार : इधर आओ भाई, घबराना नहीं, मैं जाप्ते की तफतीश करूँगा। तुम्हारी बात किसी से नहीं कहने का।....

अल्फू : क्यों हुजूर यह साहब भी यहीं खाना खाएँगे?

अल्फू : हाँ, देखो भाई कोई बात छुपाना नहीं। अल्फू—

अल्फू : अजी साहब मुझे तो जो मीठा फीका पकाना आता है वह हाजिर आपका जी खुश हो जाएगा।

मिर्ज़ा : अरे भाई खाने की बात नहीं है।

अल्फू : मियाँ आप खुश न हों तो मेरा कसूर नहीं, नासिर मियाँ का है जिन्होंने किफायत की कैंची से मेरे हाथ कतर रखे हैं।

मिर्ज़ा : *(ज़रा बिगड़कर)* अबे खाने का जिक्र नहीं—जो लोग मेरी रकम चुरा ले गए हैं तू उसका पता बता?

अल्फू : *(ताज्जुब से)* अच्छा—आपकी रकम चोरी हो गई?

मिर्ज़ा : हाँ, और न मिली तो तुझे फाँसी पर लटकना होगा।

हवलदार : मिर्ज़ा साहब धमकाइए नहीं—आदमी शरीफ दिखाई देता

है, फाँसी पर चढ़े बिना ही सारा हाल बता देगा—हाँ मियाँ अल्फू—तुम पर कोई आँच नहीं आएगी। उल्टा तुम्हें इनाम मिलेगा। सुनो, आज इनकी रकम चोरी हो गई और तुझे खबर न हो, ये क्या बात?

अल्फू : *(दबी ज़बान से)* अब इस नासिर से अपना बदला चुकाता हूँ, जब से इनका कदम ड्योढ़ी में आया है—सर चढ़ गया है—इसके आगे हमारे मालिक किसी की सुनते ही नहीं—मुझे इसकी बात भूली थोड़े ही है।

मिर्ज़ा : क्यों बे, क्या सोच रहा है?

हवलदार : मिर्ज़ा साहब अबे-तबे न कीजिए—अभी बताए देता है—कहा ना आदमी ईमानदार जान पड़ता है।

अल्फू : हुजूर नहीं मानते, पूछ ही रहे हैं—सुनिए, ये सारा किया-धरा नासिर मियाँ साहब का ही है।

मिर्ज़ा : *(गरजकर)* नासिर का जिन्हें मैं इतना मोतबिर आदमी जानता हूँ?

अल्फू : जी हाँ, मैं जानता हूँ, रकम उन्होंने ही चुराई है।

मिर्ज़ा : वजह?

अल्फू : वजह—बस यही इसकी वजह है।

हवलदार : भई बात खोलकर तो बतानी ही पड़ेगी।

मिर्ज़ा : अच्छा बताओ, रकम मैंने कहाँ रखी थी। क्या नासिर को तुमने वहाँ चक्कर लगाते देखा?

अल्फू : जी हाँ—रकम आपने कहाँ रखी थी?

मिर्ज़ा : बाग में।

अल्फू : बस, तो ठीक है नासिर मियाँ को मैंने बाग में घूमते देखा—रकम थी काहे में?

मिर्ज़ा : डिब्बे में।

अल्फू : ठीक, यही बात—मैंने डिब्बा नासिर मियाँ के पास देखा था।

मिर्ज़ा : डिब्बे की बनावट कैसी थी? अभी पता चल जाता है कि वो मेरा था या नहीं।

अल्फू : बनावट। बनावट तो मियाँ बिलकुल डिब्बे जैसी थी।

हवलदार : ठीक कहते हो—कुछ और......

अल्फू : बड़ा-सा था।

मिर्ज़ा : मगर मेरा डिब्बा छोटा था।

अल्फू : जी छोटा ही समझिए, बड़ा तो मैंने यूँ कहा कि उसमें रकम बड़ी थी।

मिर्ज़ा : डिब्बे का रंग क्या था?

अल्फू : रंग.........रंग, देखिए याद कर लूँ, लाल था।

मिर्ज़ा : नहीं सफेद।

अल्फू : ठीक कहा—ठीक कहा लाल और सफेद दोनों।

मिर्ज़ा : बस तो वही था। लिखिए हवलदार साहब लिखिए, अल्फू का बयान लिखिए। भला अब कौन किसका एतबार करे। मैं समझता हूँ कि किसी दिन मैं खुद अपने आपको न चुरा लूँ।

अल्फू : लीजिए सरकार, वो आपके चहीते कारिंदे नासिर मियाँ साहब तशरीफ ला रहे हैं, उनसे न कहिएगा कि चुगली खाकर मैंने उनकी चोरी पकड़वाई।
(चला जाता है। नासिर आता है।)

मिर्ज़ा : इधर आइए जनाब नासिर मियाँ साहब और अपना किया-धरा इन हवलदार के आगे उगलिए।

नासिर : जनाब का मतलब?

मिर्ज़ा : दगाबाज मतलब पूछता है, अपने किए पर शरमाता नहीं।

नासिर : आखिर क्या किया मैंने?

मिर्ज़ा : ओह कैसा अनजान बनता है। जैसे जानता ही नहीं कि इसके जवाब में क्या सुनेगा। अजी हज़रत अब छुपाना बेकार है। बात खुल गई। सारा हाल मालूम हो चुका है, चोरी पकड़ी गई। मेरी मेहरबानियों का तूने नाजायज़ फायदा उठाया, क्यों बे मेरे घर पर चोरी करने आया था।

नासिर : जब आपको पता लग ही चुका है तो अब इस बात को दबाना या इनकार नहीं करना चाहता, मुझे मौके का

इंतजार था। मैं आपसे कहने ही वाला था। आप नाराज़ न हों तो अर्ज करूँ इसकी वजह?

मिर्ज़ा : बड़ी अच्छी वजह बताएँगे—चोर डाकू कहीं के।

नासिर : ये न कहिए ख़ता हुई सो हुई। माफ कीजिए।

मिर्ज़ा : क्यों साहब, क्यों माफ कर दूँ। तूने सोच-समझ कर मुझे चोट दी है मेरी पीठ में छुरा घोंपा है। ऐसा क्यों?

नासिर : खुदा ने, मुहब्बत ने?

मिर्ज़ा : अं—खुदा ने, मुहब्बत ने?

नासिर : जी हाँ।

मिर्ज़ा : ठीक, दौलत की मोहब्बत ने।

नासिर : जी नहीं—माफ कीजिए मुझे आपकी दौलत की हाजत नहीं।

मिर्ज़ा : अच्छा बच्चा फाँसी पर लटकोगे तब नीयत का पता चलेगा।

नासिर : जो चाहे कीजिए—मगर ख़ता मेरी है, आपकी साहबजादी का कसूर नहीं।

मिर्ज़ा : वोह और इसमें शरीक—क्या मज़ाल—मुझे अपना खजाना चाहिए—तुम्हें बताना होगा कि तुम कहाँ ले गए।

नासिर : कहीं नहीं—आपका ख़जाना आपके घर ही में है।

मिर्ज़ा : *(उछलकर)* घर में है तो बता तूने उसमें खयानत तो नहीं की?

नासिर : तौबा। तौबा। ये कैसे हो सकता था। मैं तो उसे देख-देख कर ही खुश हूँ—ओफ वोह हसीन आँखें..........

मिर्ज़ा : *(दबी ज़बान से)* डिब्बे की आँखें—हाँ रकम जो प्यारी है तो डिब्बा भी हसीन है।

नासिर : कल्वा से पूछिए वो सारा हाल जानता है।

मिर्ज़ा : अच्छा—तो मेरा नौकर भी शरीके जुर्म है।

नासिर : जी हाँ, बल्कि उसने आपकी साहबजादी से मेरे लिए बहुत कुछ सही सिफारिश की है।

मिर्ज़ा : सजा के डर से पागल हो रहा है—क्यों जी ये बार-बार

मेरी बेटी का नाम लेकर मुझे ताव क्यों दिला रहा है।

नासिर : जी बड़ी मुश्किल से रज़ामंद कर पाया हूँ।

मिर्ज़ा : किसे।

नासिर : आपकी साहबजादी अज़रा को—कल ही तो उसने शादी का इकरार किया है।

मिर्ज़ा : कोई सबूत?

नासिर : लिख कर दे चुका हूँ।

मिर्ज़ा : खुदाबंदा, बदकिस्मती पर बदकिस्मती।

अल्फू : लिखिए हवलदार साहब लिखिए।

मिर्ज़ा : शरारत पे शरारत—हवलदार साहब अपना काम कीजिए और नासिर को अगवा के जुर्म में धर लीजिए।

अल्फू : *(खुश होकर)* वोहत अच्छे-वोहत अच्छे।

नासिर : मैंने अगवा नहीं किया—आपको जब पता चलेगा कि मैं कौन हूँ क्या कहूँ तब.....

(अज़रा आती है।)

मिर्ज़ा : अज़रा।

अज़रा : जी अब्बाजान।

मिर्ज़ा : इधर तो आ बेहया—तू मुझ जैसे बाप की बेटी है—ये मैंने तुझे पढ़ाया-लिखाया था--बता कि मुझसे पूछे-गूछे बिना तूने इस चोर से शादी का वायदा कैसे किया। अच्छा—अब इस घर की चारदीवारी तेरे चलने की जिम्मेदार होगी और *(नासिर मियाँ से)* बदमाश, तू इसकी सज़ा फाँसी के तख्ते पर भुगतेगा।

नासिर : मेरी भी सुनिएगा या.....

मिर्ज़ा : खामोश—फाँसी मैंने गलत कहा—मैं तेरी हड्डी पसली चूर करूँगा।

अज़रा : अब्बाजान—इन्सानियत के जामे से बाहर न हों—ये वो ही नासिर हैं जिन्होंने अपनी जान पर खेलकर मुझे दरिया की मौजों से बचाया था। आपकी बेटी आज इन्हीं की बदौलत जिंदा है।

मिर्ज़ा : कुछ नहीं—इससे तो डूब मरती, और ये न करती जो मैं सुन रहा हूँ।

अज़रा : अब्बाजान आपको मेरी क़सम।

मिर्ज़ा : मैं कुछ नहीं सुनता—कानून अपना काम करेगा। **(असलम दाखिल होता है।)**

असलम : आदाबअर्ज—क्या है मिर्ज़ा साहब—खैरियत, क्या मामला है—आप बहुत परेशान दिखाई देते हैं—ये हवलदार साहब यहाँ कैसे?

मिर्ज़ा : जी हाँ असलम साहब आप शादी की बातचीत करने तशरीफ लाए हैं और मैं इतना परेशान हूँ, चोरी हो गई, मेरी आबरू पर पानी फिर गया और ये खड़ा वो दगाबाज उबाश, जिसने इस घर का नमक खाया मेरा ही माल मारा और मेरी ही लड़की को बहकाया।

नासिर : क्या कह रहे हैं आप? किसने आपका रुपया लिया—किसको परवाह है आपकी दौलत की?

मिर्ज़ा : सुना आपने असलम साहब—दोनों ने मिलकर शादी का वायदा कर लिया—बल्कि कागज़ तक लिख दिया। अब ये मामला आपका है—इस पर फौजदारी का मुकदमा चलाइए, कैद कराइए और इस गुस्ताख को मजा चखाइए।

असलम : मिर्ज़ा सखावत बेग़ साहब मैं शादी के मामले में किसी पर जबरदस्ती नहीं करता, रहा आपका फायदा, वो मेरा फायदा है—और इसमें बेशक मुझे आपसे हमदर्दी है।

मिर्ज़ा : ये हवलदार साहब बड़े ईमानदार आदमी हैं, जुर्म को संगीन बनाने में अपनी तरफ से कमी नहीं क़रेंगे।

नासिर : मैं नहीं समझता कि किसी से मोहब्बत करना जुर्म है—आप नहीं जानते कि मैं कौन हूँ।

मिर्ज़ा : तुम्हारे घड़े हुए अफसानों की कीमत मैं तिनके बराबर भी नहीं समझता हूँ—दुनिया आजकल उबाशों और गुंडों से भरी पड़ी है—जो अपनी चिकनी-चुपड़ी बातों और गुमनामी से फायदा उठाकर शरीफों को तबाह करते हैं।

नासिर : मिर्ज़ा साहब मेरे पहलू में एक ईमानदार दिल है—परायी चीज़ को मैं हाथ तक लगाना गुनाह समझता हूँ। मेरी शराफत की गवाही सारा शहर दे सकता है।

असलम : मेहरबान—जरा सोच-समझकर—मुझे भी सारा शहर जानता है—मैं आपकी कहानी को परख सकता हूँ।

नासिर : मुझे किसी का डर नहीं—अगर आप शहर भर से वाकिफ़ हैं—तो मिर्ज़ा नसीम को भी जानते होंगे।

असलम : जानता हूँ, और ये भी जानता हूँ कि मुझसे बढ़कर उन्हें कोई नहीं जानता।

मिर्ज़ा : अजी वो नसीम साहब हों या जसीम साहब—मुझे परवाह नहीं—*(आवाज़ देकर)* अरे कम्बख़्तो, नमकहरामो, ये घर में दो-दो बत्तियाँ जला रखी हैं, मेरा दिवाला पीटना चाहते हो?

असलम : ठहरिए मिर्ज़ा साहब—नासिर की बात सुनने दीजिए—हाँ भई.....

नासिर : जी तो ये मिर्ज़ा नसीम मेरे वालिद थे।

असलम : *(चौंककर)* तुम्हारे वालिद थे—वोह?

नासिर : जी हाँ वोह।

असलम : *(हँसकर)* चलो कोई और नई घड़ी जिससे काम चले—इस नाम के पर्दे में अपना जुर्म क्यों छुपाना चाहते हो?

नासिर : जनाब—जरा तहजीब के दायरे में रहें, ये घड़ंत नहीं—मैं साबित कर सकता हूँ।

असलम : तुमने मिर्ज़ा नसीम का बेटा बनने की जुर्रत कैसे की? कम-से-कम सोलह-सतरह बरस हुए जब मिर्ज़ा नसीम अपने बीवी-बच्चों समेत एक सांदरी सफ़र में तूफान के शिकार होकर जुदा-जुदा हो गए।

(मरियम और फरजीना का दाखिल होना।)

नासिर : जी हाँ सुनिए—उनके सात बरस के लड़के और एक नौकर को बचा लिया गया और वोह लड़का मैं हूँ—जहाज़ के कप्तान ने रहम खाकर मुझे अपने बच्चों की तरह पाला

और जवान होकर मैंने फौज में नौकरी कर ली—अब मैंने सुना कि मेरे वालिद हैं उन्हीं की तलाश में निकला था जो इस शहर में आना हुआ—किस्मत से आँख मिर्ज़ा साहब की साहबजादी से लड़ गई—मैंने मिर्ज़ा साहब की नौकरी कर ली और वालिद की तलाश में दूसरे को भेज दिया।

असलम : इसकी गवाही और भी कोई दे सकता है?

नासिर : जी हाँ, जहाज का कप्तान, और याकूत की *(अँगूठी जेब से निकालकर)* ये अँगूठी जो वालिद साहब के हाथ में रहती थी और हीरे का वोह बाजूबंद जो अम्मीजान ने मेरे बाजू पर बाँध रखा था—हाँ और वोह बुड्ढा नौकर जिसने मुझे बचाया था।

मरियम : *(जोश के साथ)* सच है—ये सारा किस्सा मैं भी सुन चुकी हूँ और नासिर—भाई नासिर मियाँ—*(बढ़कर गले लग जाती है)* आप मेरे नासिर भाई जान हैं।

नासिर : *(गौर से मरियम को देखकर)* बेशक तू मेरी बहन मरियम है, वो ही है।

मरियम : भाई जान, अम्मा अक्सर हमारी दुःखभरी कहानी सुना कर रोया करती हैं और आज......

असलम : खुदाबंद कारेसाज़, तेरी कुदरत के सदके जाइए, आओ नासिर, आओ मेरे गले लग जाओ—मैं ही तुम दोनों का बाप मिर्ज़ा नसीम हूँ।

और मरियम : अब्बाजान—*(दोनों मिर्ज़ा असलम से लिपट जाते हैं)*

असलम : हाँ मैं ही मिर्ज़ा नसीम हूँ, बच गया तुम सबको मुर्दा समझकर इस उमर में दूसरा निकाह करने पर मजबूर हो गया, और आजकल असलम के नाम से यहाँ हूँ।

मिर्ज़ा : हूँ, तो ये आपके बेटे साहब हैं, लाइए अब मेरी रकम आप दिलवाइए।

असलम : मेरे नासिर ने चोरी की?

नासिर : कौन कहता है?

मिर्ज़ा : अल्फू–

नासिर : क्यों भई तुम कहते हो?

अल्फू : आपने देखा मैंने कुछ भी कहा?

मिर्ज़ा : हवलदार साहब ने इसका जो बयान लिया है।

नासिर : अब्बाजान इस कमीनी हरकत की आपको अपने बेटे से उम्मीद हो सकती है?

हवलदार : शक तो मुझे भी हुआ था अल्फू के बयान से, मगर अब नहीं है।

मिर्ज़ा : मैं कुछ नहीं जानता–मुझे तो अपनी अशर्फियाँ चाहिए–वो कोई भी हो–नहीं तो सबको नत्थी करा दूँगा।

(फर्रुख आता है।)

फर्रुख : अब्बाजान इसकी जरूरत नहीं–आप परेशान ना हों और किसी को चोर न ठहराएँ–रकम का पता चल गया है–मरियम मेरी हो जाए तो अशर्फियाँ भी मिल जाएँ।

मिर्ज़ा : कहाँ है मेरी रकम?

फर्रुख : घबराइए नहीं–मेरे कब्जे में है, अब बोलिए मरियम या अशर्फियाँ?

मिर्ज़ा : सच कहो बेटा फर्रुख–इनमें से कुछ खर्च तो नहीं कर डालीं?

फर्रुख : एक पाई भी नहीं–मरियम की अम्मा भी रजामंद है।

मरियम : अकेले अम्मा की रजामंदी से क्या होगा। खुदा ने मुझे अपने बरसों के बिछुड़े बाप-भाई से मिलाया है, उनकी इजाज़त भी तो होनी चाहिए।

असलम : मैं खुश मेरा खुदा खुश *(सखावत से)* आइए मिर्ज़ा साहब देर क्यों करें, ये दोहरी शादी क्यों न हो जाए?

मिर्ज़ा : अरे साहब आपको शादी की पड़ी है और मुझे अपनी अशर्फियों की–मिल तो जाएँगी ना?

फर्रुख : पाई पाई।

मिर्ज़ा : मगर जनाब मेरे पास इन शादियों के खर्च के लिए अशर्फियाँ नहीं हैं।

असलम : गम ना कीजिए मेरे पास बहुत हैं।

मिर्ज़ा : इस एहसान का बोझ खुद आप पर रहेगा—कह दिया है मैंने।

असलम : ये भी सही—अब तो खुश हो आप।

मिर्ज़ा : मेरे पास शादी में पहनने लायक कपड़े भी आपको बनवाने पड़ेंगे।

असलम : चलिए मैं राजी हूँ।

हवलदार : अरे साहब ये जो हमने इतना कुछ किया, सो कुछ भी नहीं।

मिर्ज़ा : अरे साहब इससे हमें क्या मतलब—आपका काम था किया।

हवलदार : खूब तो गोया हमने मुफ्त में ही इतनी दरंदेसरी की।

मिर्ज़ा : इस अल्फू को झूठ बोलने की सजा दीजिए—इसे फाँसी दिलवाइए।

अल्फू : बोहत अच्छे—अल्फू—सच कहें, डंडे खाए और झूठ बोले तो फाँसी पाए।

असलम : मिर्ज़ा साहब अब तो अल्फू को माफ ही कर दीजिए।

मिर्ज़ा : मतलब ये हवलदार की मिठाई भी आपके सर।

असलम : दूँगा-दूँगा—नासिर आओ चलें—तुम्हारी माँ से मिलकर खुशियाँ मनाएँ।

मिर्ज़ा : आप उनसे मिलकर और मैं अपना डिब्बा पाकर।

(पर्दा गिरता है।)

—समाप्त—